내가 변하면 세상도 변한다!

77세 변화와 혁신

내가 변하면 세상도 변한다!

77세 변화와 혁신

초판 1쇄 인쇄일 2019년 6월 20일
초판 1쇄 발행일 2019년 6월 27일

지은이 이경자
펴낸이 양옥매
디자인 송다희 임흥순

펴낸곳 도서출판 책과나무
출판등록 제2012-000376
주소 서울특별시 마포구 방울내로 79 이노빌딩 302호
대표전화 02.372.1537 **팩스** 02.372.1538
이메일 booknamu2007@naver.com
홈페이지 www.booknamu.com
ISBN 979-11-5776-747-2 (03300)

이 도서의 국립중앙도서관 출판예정도서목록(CIP)은 서지정보유통지원시스템
홈페이지(http://seoji.nl.go.kr)와 국가자료종합목록시스템(http://www.nl.go.
kr/kolisnet)에서 이용하실 수 있습니다. (CIP제어번호: CIP2019023809)

내가 변하면 세상도 변한다

77
CHANGE
AND
INNOVATION
변화와 혁신

이경자 지음

책과나무

살아 있는 오늘은
축복의 선물

윌리엄 해즐리트는 "젊은이들은 언젠가는 그들 자신도 죽을 거라는 생각을 하지 못하고 사는 것 같다."라고 말했다. 나 역시도 갑상선암으로 죽음의 문 앞에 섰던 50대에 지금의 내 나이까지 살리라고는 생각하지 못했다. 나는 올해 77세가 되었지만 암에 걸렸던 이후로는 한 번도 건강 문제로 심각하게 고민해 본적이 없다. 50대 때보다 더 건강하고 열정이 넘치며 경영학 박사 학위를 위해 열심히 공부하고 있다.

사실 나는 19살의 어린 나이에 가난한 현실에서 벗어나기 위해 동생들 셋을 데리고 나왔고, 그 동생들을 먹이고 가르치기 위해 앞만 보고 일하며 치열하게 살아왔다. 아버지가 정해 주신 초등학교만 나온 남편을 배우게 하여 정치인으로 만들었고, 자식 넷을 다 가르치고 결혼시키며 나보다는 가족을 위해 살아왔다.

하루하루를 살아 내기에 급급했으며 오지도 않을 미래에 대해서는 전혀 관심이 없었던 나는 죽음의 문턱에서 새로운 삶을 선물 받았고, 77세의 나이에 남들이 부러워할 만큼의 열정과 건강을 갖게 되었다. 덕분에 평소에 생각해 오던 여성들의 혁신, 리더십, 변화에 관해 책을 써 보는 게 어떨까 하는 생각을 하게 되었다.

내 나이 77세이지만 여전히 머리는 염색 한 번 안 했고 시력도 좋으며 피부도 50대 못지않을 정도로 좋아서 전혀 늙었다고 느끼지 않는다. 나이가 들었음에도 마음만은 항상 50대인 나는 나이가 들어서 아무것도 할 수 없다며 스스로 무능하고 기력 없는 노인임을 자처하는 사람들을 싫어한다. 대부분의 고령 인구, 최소한 적절한 건강과 열정을 유지하고 있는 노인들이라면 이러한 나의 생각에 공감할 것이다.

물론 나이를 먹는 것은 피할 수 없는 자연스런 삶의 과정이다. 이 세상의 어떤 무엇도 세상에 태어나서 병들고 나이 들어 결국엔 모두 죽기 마련이다. 그러나 그렇다고 죽는 날을 기다리며 허송세월하고 있을 수는 없지 않은가? 그날이 언제 올지는 모르지만 오는 순간까지 우리는 봉사, 배움, 행복, 기쁨, 의지의 탄력을 유지하며 살려고 노력해야 한다. 피할 수 없다면 끊임없이 삶의 다양한 변화를 받아들이고, 적어도 노력은 해봐야 한다고 생각한다.

삶이 유한하다는 사실이야말로 삶을 우리 스스로가 소중하게 만들어 가야 하는 조건이라고 믿는다. 인생은 짧다. 이 사실을 우리가 알고 깨닫고 있어야만 우리는 매 순간 존재하는 아름다움을 감상하고 감사하게 생각하며 사랑을 나누고 베풀며 시간을 낭비하지 않고 살아갈 수 있다.

하지만 사회가 노인을 경시하고 삶의 지혜, 연륜에서 얻을 수 있는 가치를 철저히 무시하고 있다. 나이 듦, 늙어 감을 지나치게 터부시하고 하찮게 여기는 문화 풍조는 우리가 어떠한 기회도 갖지 못하게 만들었다.

노화는 누구에게나 두렵고 피할 수 있으면 피하고 싶은 것이다. 사람들은 노화를 막기 위해 많은 노력을 기울이며 상당한 액수의 돈을 지출하고 있다. 그러나 어떤 경우에도 노화를 조금 늦출 수는 있어도 완전히 피할 수는 없다. 앞으로 올 미래에는 좋든 싫든 불가피하게 노인들이 사회에 점점 더 많은 영향을 끼치게 될 것이다. 우리나라는 이미 고령사회에 접어들었고, 노령 인구의 숫자만으로도 사회에 커다란 변혁을 일으킬 수 있다.

이제 우리는 노년을 새로운 시각으로 바라볼 필요가 있다. 노년을 무기력, 상실, 노화, 쇠퇴 같은 부정적 시선으로만 보지도 말고, 긍정적 측면이 골고루 혼합된 시각으로 바라봐야 한다. 이 책이 한 여성으로서 그리고 엄마로서 그리고 사회활동을 하는 사람으로서 진정으로 깨어 있기를 바라는 마음에서 제

77세 변화와 혁신

2의 삶을 시작하는 사람들에게 도움이 될 수 있기를 바란다.

나 역시 세상을 어떻게 살아가야 하는지에 대한 답을 정확히는 알고 있지 못하며, 오히려 그 반대일 수도 있다는 사실을 분명히 말해 두고 싶다. 나는 단지 경험자일 뿐이며 여전히 부족함을 느끼고 배우고 있는 사람이다. 나 자신도 나이 드는 동안 알아 가는 나를 발견하고 있다. 그래서 그 기쁨으로 날을 하얗게 새기도 하고 소녀처럼 가슴이 뛰기도 한다. 그래서 모두와 공유하고 싶었다.

사는 것이 아무리 힘들고 버겁더라도 의식을 가지고 있으면 매 순간이 소중하고 귀한 선물이다. 살아 있는 오늘 하루를 즐겁고 감사하게 여겨야 한다. 어떤 어려움을 겪든 살아 있음은 축복이고 선물이다. 하루하루 내게 주어진 그 축복과 선물을 최대한 누리며 살자!

- 연수구에서
이경자

제6장_ **빛나는 단어 '도전'**

제7장_ **성공을 만드는 인맥 관리**

제1장

마음을 / 채우는 / 행복

바쁜 일상을 멈추고 주변을 둘러보는 여유가 필요하다.

고통 앞에서 사람들은 자신의 신세를 탓하고 원망하며 좌절하지만,

살다 보면 행복한 순간도 분명 존재한다.

결국 행복한 순간도,

또 고통스러운 순간도 시간과 함께 지나가기 마련이니

경치를 바라보듯 고통을 삭이고,

즐거움은 천천히 즐길 때 인생이 편해질 수 있다.

인생길을 조바심을 내며 빠르게 지나갈 필요는 없다.

인생에서 기회는 자주 오는 것이 아니므로 마음의 여유를 갖고

주변도 돌아보며 아름다움도 느껴 보는 것은 어떨까?

마음이 편안해지는
마법의 주문

───────── 어릴 적 나의 아버지는 항상 나를 지긋이 바라보시며 "경자야, 너는 무엇이든지 할 수 있다. 그러니 힘내라."는 말씀을 해 주셨다. 아버지는 나의 멘토이시며 정신적인 지주이셨다. 아무리 힘들어도 아버지 말씀을 생각하면 힘이 솟았고, 조급함이 사라지고 한결 마음이 편안해지는 것을 느낄 수 있었다.

요즘 젊은이들에게도 그 옛날 아버지가 내게 해 주시던 말씀을 전해 주고 싶다. 무슨 일이든 서두르다 보면 자칫 실수할 수 있다. 나는 이것을 인생의 소중한 지혜로 마음에 담고 살았다. 마음의 평안을 유지할 줄 아는 사람은 몸과 마음이 더 건강하고, 그렇지 않은 사람보다는 성공할 확률이 높으며, 먹고사는 일에 늘 초조해하고 다급한 사람과는 달리 더 큰 삶의 지혜를 얻을 수 있다. 편안한 마음을 유지하기 위해서 내가 늘 실천해 왔던 것을 공유하고자 한다. 조급하던 마음이 순간 편안해짐을 느낄 수 있을 것이다.

° 시 낭송하기

이른 아침이나 잠들기 전 시를 낭송하면 허하고 울적했던 마음이 충만해지는 기분을 느낄 수 있다. 이것이 내가 시인으로 등단했던 계기가 되었다.

° 온몸으로 심호흡하기

숨을 크게 들이마시면 가슴속에 가득히 들어온 숨이 정수리 가운데 숨구멍으로 빠져나가는 게 느껴진다. 이렇게 서너 번 온몸으로 심호흡을 느껴 보면 마음이 편안해지면서 머리가 맑아진다. 그런 후에 나는 물고기 운동을 한다. 뻣뻣해진 허리가 부드러워지고 자세가 유연해진다.

° 명상음악 감상하기

명상음악을 듣는다. 자신이 좋아하는 가요도 좋다. 음악을 들으면 마음이 편안해지면서 세상에 부러울 것이 없는 기분을 느낄 수 있다. 나는 이러한 기분을 만끽하기 위해 물소리, 새소리 등 자연의 소리가 담긴 명상음악을 듣는다.

° 요가와 명상으로 마음 가라앉히기

가정이나 직장에서 스트레스를 많이 받을 때, 요가나 명상을 한다. 요가와 명상으로 마음을 가라앉히는 연습을 꾸준히 하다 보면 근육이 이완되고 마음을 편안하게 만들어 주어 나를 돌아보게 하기도 하고, 잡념과 일상의 번뇌를 없애 준다. 마음이 편안하면 몸도 덩달아 편안해진다.

° 내 숨소리에 집중하기

내가 스피치를 배울 때 많이 했던 행동인데, 양손으로 귀를 막고 나의 숨소리에 집중해 본다. 시간이 흐를수록 마음이 편안해지고 나의 숨소리가 커지면서 주변 환경에서 멀어졌다가 가까워졌다를 경험하면서 어느 순간 편안함을 느끼게 될 것이다. 시계 소리에 집중해서 시험해 보아도 좋다.

° 운동이나 산행하기

탁구, 테니스, 등산이나 달리기 등의 활동은 피곤해진 근육에 충분한 휴식과 힐링의 기회를 줌으로써 한 주의 피로를 말끔히 날리게 한다. 아무리 바쁘더라도 일주일에 한 번은 산에 가자. 가끔 일 때문에 한국에 들어오는 아들과 동네 산을 정상까지 오르다 보면, 머릿속 가득 담겨 있던 잡념이 땀과 함께 밖으로 배출되면서 컨디션이 회복되는 것이 느껴진다. 한번 해 보시라.

시간을 핑계로 놓치는
소중한 것들

———————— 바쁘다는 말을 입에 달고 사람이 있는데 막상 물어보면 아무것도 남는 것이 없다고 말하기도 하고, 하루가 어찌 지나갔는지 모르겠다고 말하는 사람들이 많다. 만일 나도 이런 사람 중 하나라면, 시간을 핑계로 소중한 일들을 놓치고 사는 것은 아닌지 생각해 보아야 한다.

나는 갑상선암이라는 의사의 말에 하늘이 무너지는 절망감을 느끼고 때때로 분노했었다. "내가 얼마나 열심히 앞만 보고 살았는데 왜 하필 나야?" 하며 세상을 원망했었다. 그러나 지금 생각해 보면 그런 절망의 시기가 오지 않았다면 난 여전히 바쁘게 달려갔을 것이고 지금의 행복과는 거리가 멀었을 것이다. 아니, 이미 이 세상 사람이 아니었을지도 모른다. 과거의 나처럼 열심히 일만 하며 소중한 행복과 기쁨까지 몽땅 잃지는 말았으면 좋겠다.

나는 결혼해서부터 시골에서 살았다. 아버지가 맺어 준 남편과 살면서 계란 장사부터 시작해서 23개의 사업을 했다. 나는 항상 비상을 꿈꾸며 어떻게 하면 잘살 수 있을까를 늘 고민했다. 김치 공장부터 홍익뷔페, 주유소, 찜질방까지 안 해 본 것이 없었다. 그러다가 IMF로 200억 부도를 맞기까지 그야말로 돈 쓸 시간도 없이 일했다. 누군가 말하길 '돈 쓸 시간이 없다는 사람이 제일 불쌍하다'고 했는데 내가 바로 그랬다.

그러다가 부도로 남편이 쓰러지고 나까지 갑상선암에 걸렸다. 문득 '내가 왜 이렇게 살았나' 싶었다. 목소리는 안 나오고 몸은 움직여지지 않았다. 그때 나는 정말 간절한 마음으로 기도했다. 목소리만 나오게 해 주신다면 뭐든 하겠다고….

지금은 꾀꼬리란 소리까지 들으며 곳곳에 강의를 다닌다. 연수구 노인대학에 내 목소리가 울려 퍼지면 모두가 활기를 찾는다. 그렇게 다시 태어난 나는 평소에 좋아하던 공부를 계속했고, 현재 경영학 박사 과정 중에 있다. 모든 게 다 기적이고 감사다.

잠자는 시간도 아까워서 매일 세 시간도 못 잔다. 문장 하나하나가 머리에 꽂히고 가슴에 꽂히는데 어찌 잠을 잘 수 있겠는가? 매일 하루에 몇 분씩 고요한 시간을 가져 본다. 조용히 책상 앞에 앉아서 편안하고 차분한 생각을 하다 보면 깨달음을 얻는다.

아무리 생활이 바쁘더라도 시간을 쪼개서 마음을 가라앉히고 나의 마음을 들여다보자. 내면을 바라볼 수 있는 사람만이 성장할 수 있으며 마음도 편안히 안정될 수 있다. 내면을 들여다볼 수 있는 사람만이 자신의 삶에 감사함을 느낄 수 있다.

마음을 비우면
채워지는 행복

———————— 인생은 산을 오르는 것과 같아서 오르막이 있으면 내리막이 있기 마련이다. 가벼운 몸과 마음으로 정상까지 올라가 발밑에 보이는 아름다운 풍경을 맘껏 감상하는 사람들도 있지만, 무거운 마음으로 오르다 길을 잃고 헤매다 정상에도 오르지 못하고 풍경도 구경 못한 채 내려오는 사람들도 있다.

자신이 가진 것에 감사할 줄 아는 사람은 더 큰 행복을 거머쥘 수 있다. 사람들이 어려움을 겪는 이유는 만족할 줄 모르고 욕심을 부리기 때문이다. 마음속에 온갖 불만이 쌓여 가는데 그것을 비워 내지 못하고 담고 있으면 영원히 불행할 수밖에 없다. 진정으로 욕심을 내려놓아야 현재를 마음껏 누릴 수 있으며 고통에서 벗어날 수 있다.

마음을 비워야 편하게 살 수 있다. 지금의 무거운 짐을 내려놓아야 가볍게 정상까지 오를 수 있으며, 눈앞의 경치도 감상할 수 있다는 사실을 기억하자. 혹시 지금 누려야 할 행복을 놓치고 있지는 않은지 돌아보는 시간을 갖는 것도 좋다. 세상에 고달프지 않은 인생이 있을까? 누구에게나 삶은 행복하지만은 않다.

지금의 나를 보는 남들은 모든 게 다 편안하니 얼마나 좋겠냐며 부러워한다. 자식들은 모두 미국에서 잘 살고 있지, 1년에 두세 번은 자식들 초청으로 해외여행을 하고 금전적으로도 부족함이 없는 나를 보며 '성공적인 노년'이라고 말하지만 나 역시도 온갖 어려움을 다 겪었기에 지금의 모든 것들을 누릴 수 있었던 것이 아닌가 싶다.

너무나 가난해서 천장이 뚫린 방에서 살다가 방까지 가득 찬 폭우로 인해 갓 태어난 딸아이를 잃었고, 뇌졸중으로 쓰러진 남편의 대소변을 받아 가며 7년을 고생했다. 손발이 오그라져 움직일 수도 없는데 환자까지 돌보자니 몸과 마음이 다 황폐해졌다. 그야말로 살아도 살아 있는 목숨이 아니었다.

그런 내게 만약 희망이라는 것이 없었다면 살지 못했을 것이다. 아픈 남편을 집에 잠시 두고 잠깐씩 배우러 다니는 기쁨이 없었다면 불가능했을 것이다. 비전 강의를 들으면서 희망이 생겼고, 노인학을 배우면서 미래의 내가 어떻게 살 것인가를 생각했으며 스피치를 배우며 목소리가 트였다.

시간이 없어서 배우지를 못한다는 사람이 있다면 말해 주고 싶다. 돈과 시간은 노력하면 벌 수 있다고…. 쓰러진 남편의 눈을 피해 쫓기는 일상에서 잠깐씩 배우며 얼마나 힘들었는지 모른다. 복잡한 모든 것들을 벗어던지고 단순해지고 싶었다. 인생이 복잡한 게 아니라 단지 내 마음이 여러 가지로 겹겹이 복잡할 뿐이라는 생각에, 나는 집과 주변을 정리하는 것부터 시작했다. 그리고 마음을 비우기 위해 닥치는 대로 배우러 다녔다.

세상엔 공짜가 없다. 죽도록 힘들고 어려운 일을 겪고 나니 좋은 일들이 하나씩 생기기 시작했다. 어렵더라도 희망을 잃지 않는다면, 복잡함으로부터 벗어나 마음을 하나둘 비워 낸다면 반드시 좋은 일이 생길 것이다.

일하는 여성들은 육아에 살림까지 1인 다역을 하느라 눈코 뜰 새 없이 바쁘게 살아가느라 여유를 즐길 단 몇 분의 시간도 없이 하루를 보낸다. 문화생활을 즐기는 것은 엄두도 못 내고 직장에서는 눈치를 보느라 숨도 한번 못 내쉬는 경우도 있다. 결국 남는 것은 초를 다투는 긴박한 일과 그로 인한 긴장감뿐이다.

그러나 매 순간을 그렇게 긴장 속에서 살 수는 없다. 삶에서 기쁨과 행복을 느끼기 위해서라도 바쁜 일상을 멈추고 주변을 둘러보는 여유가 필요하다. 고통 앞에서 사람들은 자신의 신세를 탓하고 원망하며 좌절하지만, 살다 보면 행복한 순간도 분명 존재한다. 행복한 순간은 마음먹기에 따라 반드시 찾아온다. 그 순간을 놓치면, 시간이 쏜살같이 흘러가는 것처럼 행복도 순식간에 지나가 버리고 만다.

결국 행복한 순간도, 또 고통스러운 순간도 시간과 함께 지나가기 마련이니 경치를 바라보듯 고통을 삭이고, 즐거움은 천천히 즐길 때 인생이 편해질 수 있다. 인생길을 조바심을 내며 빠르게 지나갈 필요는 없다. 인생에서 기회는 자주 오는 것이 아니므로 마음의 여유를 갖고 주변도 돌아보며 아름다움도 느껴보는 것은 어떨까?

성숙으로 가는 첫걸음, 허영심 극복하기

──────── 사람들은 누구나 정도의 차이는 있지만 허영심을 가지고 있다. 허영심은 부정적이고 왜곡된 심리다. 성숙한 사람은 이러한 허영심을 통제해 건강한 방향으로 발전시키고, 명예 · 지위 · 이해득실 · 체면 등에 관한 올바른 인식을 수립할 수 있다. 다음과 같은 방법으로 허영심을 극복해 보는 건 어떨까?

° **친구와 함께 자신의 장단점 써 보기**
  허영심을 극복하기 위해서는 자신의 장단점을 객관적으로 평가할 줄 알아야 한다. 따라서 친구와 함께 자신의 장단점을 써 보면 부족한 점이 무엇인지 파악할 수 있으며, 자신감을 키울 수 있다.

° **자신에게 사용할 최대 금액 정하기**

허영심이 강한 사람은 남들과 비교하길 좋아하며, 남들이 사는 물건은 자기도 가져야 성이 풀린다. 매달 자신에게 사용할 최대 금액을 정해 놓고 그 액수 안에서 자유롭게 사용한다면, 허영심을 억제하는 데 큰 효과가 있을 것이다.

° **퀴즈나 지적 능력을 키울 수 있는 시험에 자주 참여하기**

허영심이 강한 사람 중에 지적 능력이 뛰어난 사람은 드물다. 그들에게 언뜻 비치는 열정도 허영심을 충족시키기 위한 것에 불과하다. 퀴즈 대회나 백일장, 수학경시대회에 많이 참여해 보면, 자신의 부족한 점이 무엇인지 알게 된다. 자신의 부족한 점을 채워 나가는 과정을 통해 서서히 허영심에서 벗어날 수 있을 것이다.

° **거짓말하지 않기**

허영심에 빠진 사람들은 많든 적든 거짓말을 잘한다. 거짓된 말로 자신의 허영을 과시하길 좋아하기 때문이다. 따라서 거짓말을 하지 않는 것은 허영심에서 벗어날 수 있는 가장 좋은 방법이다. 사실을 과장하거나 미화시키지 않고 있는 그대로 이야기하려고 노력해 보자. 솔직함을 계속 유지할 수 있다면 허영심도 쉽게 떨쳐 버릴 것이다.

° **정기적으로 빈곤 체험하기**

정기적으로 빈곤 지역에서 생활하며 자신의 삶을 돌아보면, 얼마나 사치스럽게 살아왔는지 깨닫게 될 것이다. 허영심이 얼마나 무의미하고 위험한 것인지 알게 된다면 건강한 가치관이 자연스럽게 뿌리를 내릴 것이다.

° **허영심 없고 소박한 사람과 친구로 지내기**

허영심 없고 소박한 사람과 친구로 지내면 그에게 좋은 영향을 받아 허영심에서 벗어날 수 있다.

"욕심이 많으면 모든 것을 잃게 된다."

레프 톨스토이는 말했다. 욕망이 줄어들수록 행복이 커진다. 이는 천고불변의 진리이다. 정도를 아는 사람은 즐겁지만, 정도를 모르는 사람은 불행하다. 이 정도를 알기 위해 필요한 힘이 바로 자제력이다.

자제력은 스스로 자신의 감정·충동·욕망을 통제하는 힘이다. 넓은 의미의 자제력은 자기 주변의 사건, 현재와 미래에 관한 통제력을 의미한다. 좁은 의미의 자제력은 자신의 인식, 의지, 스스로와의 약속, 그리고 자기 행동의 결과를 예측할 줄 아는 능력을 의미한다. 욕망의 굴레에서 벗어나 스스로에게 만족하는 더 나은 삶을 위해 자제력을 향상시키는 방법을 소개하고

자 한다.

° **매일 아침 그날의 계획 세우기**

일을 할 때 계획적이지 못하면 실패할 가능성이 높다. 매일 아침 그날의 계획을 세우고 행동하는 사람이 효율적으로 일을 처리할 수 있다. 매일 계획을 세워 실천한다면 나날이 발전하는 자신의 모습을 마주하게 될 것이다.

° **나쁜 습관 없애기**

자신의 의지로 좋지 않은 습관을 통제하다 보면 자제력을 키울 수 있다. 게임을 예로 들어, 매일 게임하고 싶은 욕망에 저항하며 끊임없이 노력하면 자연스럽게 게임을 하지 않게 될 것이다. 게임하고 싶은 마음이 들 때마다 다른 일을 하며 그 생각에서 벗어나려고 노력해 보자.

° **규칙적인 생활하기**

자제력은 일상의 크고 작은 일들을 겪으며 자연스럽게 학습되고 훈련된다. 아침 7시에 일어나 밤 10시에 잠드는 규칙적인 습관을 들이면 자신의 행동을 통제할 수 있게 되고, 자제력도 조금씩 향상될 수 있다.

° 매시간 해야 할 일 기록하기

시간을 통제할 수 있다면 모든 것을 통제할 수 있다. 자신의 시간을 합리적으로 분배하고, 일하고 공부하는 시간과 쉬는 시간을 정확히 나누어 생활할 수 있다면 하루를 충실하게 보낼 수 있다.

° 매일 기분 좋은 일 세 가지씩 찾기

긍정적이고 즐거운 마음으로 하루를 산다면 부정적인 생각에서 벗어날 수 있다. 매일 행복해지는 연습을 해 보자. 매일 기분 좋은 일 세 가지를 찾아 기록하는 연습을 하다 보면 날마다 유쾌한 마음으로 새로운 하루를 맞이할 수 있다. 그러면 부정적인 생각은 사라지고 행복한 기분을 느끼게 될 것이다.

° 게으름을 피우고 싶다면 스스로 각성할 수 있는 경고 메시지 적어 보기

어떤 일을 시작하기 전에 스스로 각성할 수 있는 신호를 보내 보는 것이다. 예를 들어, 권태로운 기분이 들 때 경고 메시지를 적어 잘 보이는 곳에 붙여 두면 그것을 볼 때마다 주위를 환기할 수 있다. 이런 메시지는 게으름 피우려 했던 자신을 돌아보며 핑계를 대지 않고 해야 할 일에 집중하도록

만들어 준다.

사람들은 많은 것을 가지고도 욕망에 눈이 멀어 부족하다는 생각을 하며 살아간다. 심지어 더 많이 가진 사람을 증오하거나 남들이 나보다 더 많이 가지지 않길 바라며 항상 분노와 절망을 느낀다. 그리고 욕망이 많아질수록 마음은 가난해진다. 따라서 넘치는 욕망을 덜어 내야 한다.

자신의 불행을 원망하며 자신이 갖지 못한 것만 볼 것이 아니라, 마음을 가라앉히고 자신이 가지고 있는 것이 무엇인지 돌아보는 게 중요하다. 내가 가진 것들에 감사하는 마음만 있으면 충분히 행복해질 수 있다. 행과 불행은 모두 내 마음에 달렸다. 자신의 단점을 받아들이고 삶이 온전히 행복과 기쁨으로 가득 찬 것이 아니라는 사실을 받아들이고 이해한다면, 더 나은 삶을 살 수 있다.

긍정적인
자기 암시

_____ 사람들은 저마다 하나의 문을 가지고 있다. 이 문을 언제 열고 닫을지 결정할 수 있는 사람은 자기 자신밖에 없

다. 그 누구도 자신을 대신할 수 없다. 긍정적인 사고와 열린 마음만 있으면 자기 인생을 오롯이 자신의 것으로 만들 수 있다.

우리는 잘났든 못났든 자기 인생의 주인공이다. 주인공은 결코 관객이 되어서는 안 된다. 무슨 일이 있어도 굴하지 않고, 자신을 최고의 주인공으로 만들기 위해 최선을 다해야 한다. 다음은 내 인생의 주인공이 되기 위한 나만의 긍정적인 자기 암시이다.

"나 이경자는 내 의지를 굳게 믿는다. 지금까지 온갖 어려움 속에서 힘든 장애물이나 역경을 이겨 내고 지금까지 굳건히 살아왔다. 나는 지금 그 어떠한 때보다도 내 삶의 가장 행복한 순간을 살고 있다. 77세의 나이에 나는 내 의지로 많은 것을 해 오고 있고 누리고 있다. 그리고 무엇이든 할 수 있는 용기와 의지도 있다. 그리고 건강도 있다.

내 삶의 목표가 마음먹은 대로 이루어지고 있으며 하고 싶은 박사 공부도 하고 있고 곳곳에 강의를 다니며 많은 사람들의 닫힌 생각을 열어 주는 데 나의 몫을 다하고 있다. 나는 요즘 시간이 가는 것이 아까울 정도로 순간순간이 너무도 소중하고 소중하다. 살아 있음이 너무나 축복이고 감사다.

우리에게는 자신이 믿는 대로 뭐든 이룰 수 있는 잠재력에 있다. 일찍이 비전 과정을 통해 나의 비전을 세웠고, 그것을 매일매일 글로 써 가며 구체화시켰다. 10년 전 박사복을 맞추어 놓고 나는 꼭 박사가 되리라 마음먹었다. 그리고 지금 박사가 되기 위해 학교에 다니고 있다.

글로 쓰는 비전은 긍정적인 생각을 갖게 하고 흔들리는 마음을 잡아 주었다. NLP를 통해 배운 것들이 긍정적인 암시를 하게 하였고, 긍정적인 암시를 반복하다 보니 원하는 것들이 신기할 만큼 하나씩 이루어지기 시작했다.

나에게는 두려움이 없어졌다. 앞날에 대한 두려움, 죽음에 대한 두려움, 사는 것에 대한 두려움 등을 떨쳐 버리고 '나는 박사가 될 수 있다. 나는 젊다. 나는 멋진 노인대 학장이다. 건강하다. 똑똑하다.'를 수도 없이 외치며 자기 암시를 하고 있다. 그리고 나는 매 순간 시간을 헛되이 쓰지 않으며, 배우는 것을 게을리하지 않고 감사하며 산다."

이러한 긍정적인 자기 암시를 통해 자아실현이 가능해진다. 심리학에서 자아실현이란 개인이 발전할 수 있는 최고의 경지를 뜻한다. 이 경지에 이르면 기본적인 욕구와 결핍으로 인한 근심에서 해방될 수 있다. 대부분의 사람들은 자아실현을 마지막 목표로 삼지 않고, 발전의 원동력으로 생각한다. 우리는 자아실현을 통해 자신의 잠재된 자질과 능력을 발굴해 낼 수 있다.

포기하는
법을 배우다

———————— 어느 날 문득 살고 있는 공간에 너무나 많은 물건들이 있다는 생각이 들었다. 그래서 몇 년 전부터 안 쓰는 것들을 버리거나 필요한 사람들에게 나누어 주고 있다. 우리는 몸만 다이어트를 할 것이 아니라 집 안에 쌓여 있는 물건 다이어트를 해야 한다. 안 쓰는 것, 안 입는 옷, 읽지 않는 책, 사용하지도 않으면서 쌓여 있는 것들을 정리해 보자. 그러다 보면 깔끔해진 주변을 보며 마음도 정리하고, '포기'에 대한 생각도 새롭게 정립해 볼 수 있다.

사람들은 어떤 일이든 '포기'하지 말아야 한다는 생각을 하며 살아간다. 우리는 어릴 때부터 한 번 시작한 일은 중간에 포기하지 않고 끝까지 해야 한다는 교육을 받아 왔다. 하지만 끝까지 하려는 끈기와 의지는 집착과 다르다는 사실을 명심하자.

사실 인생을 살면서 모든 것을 다 가질 수 있는 사람은 없으며, 반드시 무언가를 포기해야 한다. 포기하지 않으면 탐욕에 눈이 멀어 결국엔 아무것도 손에 넣지 못하게 될 수도 있다. 하지만, 포기하고 나면 좀 더 가볍고 홀가분한 마음으로 나아갈 수 있다.

살다 보면 권력을 내려놓아야 할 때도 있고, 기회를 남에게 양보해야 할 때도 있다. 여기에서 포기한다는 것은 모든 것을 잃어버렸다는 의미가 아니다. 포기함으로써 얻게 되는 것도 있다. 따라서 포기란 더 나은 결과를 위한 과정이다.

인생의 모든 일은 계속할지, 포기할지를 끊임없이 선택해야 한다. 신문을 예로 들면, 첫 장의 헤드라인 뉴스에서 마지막 장의 드라마 평론까지 편집자의 선택이 만들어 낸 결과다. 좁은 지면에 빼곡히 들어간 각각의 기사는 수많은 기사를 포기하고 선택된 것이다.

인생도 마찬가지다. 무언가를 선택했다는 것은 무언가를 포기했다는 의미다. 사람들은 항상 포기하기를 아쉬워하며, 포기한 후에는 매우 괴로워한다. 하지만 인생이란 포기하기를 아쉬워하기 때문에 더 가치 있는 것이다.

인생을 살다 보면 갈 길을 잃고 방황하는 사람들이 많은데, 이들은 하나같이 '내가 하고 싶은 일'이 아니라 '내가 반드시 해야 하는 일'을 하며 살아간다. 그리고 이상과 현실의 차이로 인해 괴로워한다. 이렇듯 우리네 인생에서 뜻밖의 시련이 찾아와 우리를 당혹스럽게 할 때는 포기하는 법을 배워야 한다. 조급한 마음을 포기하고 맘 편히 기회가 올 때를 기다리다 보면 초연해질 수 있을 것이다. 설사 그런 경지에 이르지 못하더라도 포기하는 법을 안다면, 삶의 부담감에서 벗어나 홀가분해질 수 있다.

77세 변화와 혁신

행운의 여신을
찾아서

_____ '왜 나는 항상 재수가 없지?'라는 생각에 빠져 사는 사람들이 있다. 하지만 '모두 마음먹기에 달렸다.'라는 옛 말처럼 스스로 행운아라고 생각하는 사람에게는 좋은 일이 생기고, 재수 없다고 생각하는 사람에게는 나쁜 일이 생기기 마련이다. 긍정적인 생각은 긍정적인 결과를, 부정적인 생각은 부정적인 결과를 불러온다. 행운을 불러오고 싶다면 아래와 같은 노력을 기울여 보는 건 어떨까?

° **가슴을 활짝 펴고 걷기**

인간의 모든 행동은 정신에서 나온다. 고개를 들고 가슴을 활짝 편 채 걸어 보자. 몸처럼 마음도 곧게 펴지면서 더 기운이 날 것이다. 행운의 여신도 몸과 마음의 준비가 된 사람에게 고개를 돌린다.

° **주말에 늦잠 즐기기**

주말에는 늦잠을 즐기는 것도 좋다. 평소의 긴장감을 풀고 편안한 마음으로 주말을 보내 보자. 우울함이 사라지고 기분이 좋아질 것이다. 그리고 기분 좋은 상태에서의 긍정적인

마음을 채우는 행복

생각은 행운을 불러올 것이다.

° 휴일에 하고 싶었던 일 다섯 가지 해 보기
휴일에는 평소 좋아했지만 자주 할 수 없었던 일 다섯 가지를 해 보는 것이 어떨까? 예를 들면, 예쁜 옷을 사고, 영화를 보고 음악을 듣고 좋아하는 책을 사고, 조용한 카페에서 커피를 마시며 거리의 사람들을 구경해 보는 것이다.

° 긍정적인 사람으로부터 배우기
긍정적인 태도를 가지려면 긍정적인 사람과 함께 있어야 한다. 주변에서 긍정적인 사람을 찾거나 책에서 긍정적인 인물을 찾아서 그들이 삶을 대하는 태도를 배워 보자.

사람들은 행운이란 신이 내려 주는 기적이라고 생각하고 자신에게 기적이 일어나기를 바란다. 하지만 모든 행운은 우연히 찾아오지 않는다. 행운의 여신은 무슨 일이든 긍정적으로 생각하며 사전에 충분히 준비하고 노력하는 성실한 사람들을 찾아간다. 기회는 긍정적인 자세를 가진 자만이, 그리고 철저히 준비된 자만이 잡을 수 있다.

원망보다는
감사하는 마음으로

———————— 원망을 품는 것은 부정적인 행동 방식이며, 부정적인 정보를 표출하는 것이다. 원망하는 마음이 커지면 심리 상태가 부정적으로 변하며 무겁고 침울한 기분이 가중된다. 따라서 원망이 생길 때마다 아래와 같은 방법으로 감정을 조절해 보자.

° **원망하고 싶을 때 풍선껌 씹기**
어떤 일에 대한 원망을 멈추기 위한 가장 좋은 방법은 주의력을 다른 곳으로 돌리는 것이다. 마음이 어지럽고 생각이 복잡하다면 풍선껌을 씹어 보자. 껌이 입을 차지하고 있으니 원망하는 말을 입 밖으로 내뱉지도 못하며, 풍선을 만들고 터뜨리면서 부정적인 감정이 해소되어 마음이 한결 편안해질 것이다.

° **'없는 것'이 아니라 '있는 것'에 집중하기**
원망이 많은 사람은 자신이 아무것도 가지지 못했다고 생각한다. "난 예쁘지도 않고, 연봉도 그저 그래." 이런 말은 해봤자 기분만 나빠지고 자신감도 떨어질 뿐이다. '없는 것'이 아니라 '있는 것'을 생각하는 습관을 들여 보자. 현재 가지고 있는 것들을 하나씩 생각하다 보면 마음의 안정을 찾을 수 있을 것이다.

° **기분이 나쁠 때 물가 산책하기**

연구에 따르면, 사람은 엄마의 배 속, 즉 양수에서 지냈던 기억이 있어서 천성적으로 물과 가까워지고 싶은 욕구를 가진다고 한다. 따라서 원망하는 마음이 들기 시작할 때 물가를 산책하면 몸과 마음이 편안해진다. 머리가 복잡하고 고민이 많을 때도 푸른 나무와 흐르는 물을 보면 가슴이 뻥 뚫리면서 순간의 여유를 느낄 수 있을 것이다.

° **주말에는 레스토랑에서 근사한 식사하기**

레스토랑에서 근사한 식사를 하면 맛있는 음식을 맛보는 것은 물론이고, 특별한 선물을 받은 듯한 느낌에 기분이 즐거워진다. 이럴 때는 원망이 생겨도 감정을 키우지 않게 된다.

° **여가 시간 즐기기**

스스로 바쁘게 움직이면 원망할 시간이 없을 것이다. 여유가 많다면 운동이나 여행, 독서 등을 즐겨 보자. 분명히 새로운 세계를 발견할 것이다.

　　　　　　　　　　　　　　77세 변화와 혁신

° 감사하는 마음 갖기

세상에 나를 위해 무언가를 베풀어야 할 의무를 가진 사람
은 없다. 따라서 나를 위해 애써 주지 않았다는 이유로 상대
를 원망할 필요는 없다. 원망보다는 감사하는 마음을 가져
보자.

원망은 잘못된 심리암시이자 부정적인 심리암시에서 비롯된
다. 언제나 원망만 하는 사람은 모든 문제를 부정적으로 바라
본다. 인생은 아름답지 않으며, 이상은 결코 실현될 수 없다는
생각에 자연스럽게 부정적인 감정이 생겨난다.

지금까지 많은 철학자와 교육자는 원망하지 않는 것이 중요
하다고 강조해 왔다. 원망하지 않는다는 것은 자기암시를 통해
부정적인 심리를 긍정적으로 바꾸는 것이다.

불만이 많은
나에게 던지는 질문

──────── 매사에 불평불만이 많은 사람은 무슨 일이 생
길 때마다 이런 말을 입에 달고 산다. "왜 항상 나만 제외되고
손해 보고 살고 있는 거지?" 하지만 모든 문제의 원인은 대부분

자기 자신에게 있다.

나랑 같이 있던 직원은 실장을 붙들고 늘 불평을 늘어놓았다. 내가 막냇동생처럼 생각하고 챙겨 주었던 직원이었기에 다른 사람을 통해 이 같은 사실을 듣고 적잖은 충격을 받았었다.

"우리 사모님은 겉만 챙기는 척하지, 사실상 나를 거들떠보지도 않아요. 그러니 내게 승진의 기회가 올 리가 없죠. 내일 당장 사모님께 일 그만둔다고 말해야겠어요."

실장이 물어보았다.

"네가 해야 할 일은 이젠 완전히 습득한 거야?"

"아니, 그럴 경황이 없었잖아요."

"아니, 여태 일도 못 익힌 거야? 네가 그만두어도 여기에 올 사람은 많아. 네가 홍익뷔페에 들어온 지도 한 달인데 여태 일도 익히지도 못했으면서 무슨 사표야? 일을 배워 두면 나중에 네가 그만두고 다른 데 가서도 도움이 많이 될 텐데….."

실장의 말은 들은 직원은 일단 자신이 맡은 일부터 익히기 위해 이 사람 저 사람 붙들고 물어 가며 일을 배우기 시작했다. 실장이 "이젠 일도 좀 배웠으니 그만두어도 되겠네?"라고 물었더니, 실장의 말에 그 직원은 이렇게 답했다.

"최근에 사모님이 저를 많이 챙겨 주시고 공부도 하라며 책도 사 주셨어요. 열심히 하면 학교도 보내 주신다고 했어요."

그 직원은 내가 홍익뷔페를 정리할 때까지 내 옆에 있으면서 일도 배우고 공부도 했던 직원이다. 지금은 시집가서 아이도 낳고 살면서 가끔씩 전화가 오곤 한다.

문제가 있을 때마다 원인을 남 탓으로 돌리며 원망만 한다면 결국 자신을 발전시키지 못하고 퇴보하고 만다. 그런 사람을 좋아하는 곳은 어디에도 없다. 그리고 환영받지도 못한다. 그냥 불평이 많은 '투덜이'일 뿐이다. 불평이 생기고 상대를 원망하는 마음이 생겨날 때 이렇게 스스로에게 물어보자. "내가 저 사람에게 과분한 존재인가? 아니면 그 사람에게 내가 과분한 존재인가?" 그렇게 나를 돌아보는 시간을 가지다 보면 나의 잘못도 알게 될 것이다.

자신을 돌아보고, 누구를 탓하거나 원망하지 말며 내 안에서 문제의 원인을 찾아야 한다. 오늘 내 삶에서 최선을 다했는가? 가정에서든 직장에서든 최선을 다해 살았는지 뒤돌아보자.

우리의 마음을
어지럽히는 것들

──────── 세상에는 행복한 사람과 불행한 사람이 있다. 본질적으로는 둘 다 같은 사람이지만, 자신의 마음을 다스릴 수 있는지 여부에 따라 전혀 다른 사람으로 구분된다. 즉, 마음

을 평온하게 유지할 수 있는 사람은 행복하지만, 그렇지 않으면 불행해진다.

살다 보면 비이성적인 요소의 영향을 많이 받는데, 이때 자신의 마음을 통제하지 못하는 사람은 나쁜 결과를 초래하고 만다. 오랫동안 인류를 괴롭혀 온 비이성적인 요소로는 질투, 분노, 공포, 우울, 긴장 초조, 의심 등이 있으며, 사람들은 일상적으로 이런 감정을 느끼며 살아간다.

질투는 열등감의 하나로 볼 수 있다. 자신감 넘치는 사람은 자기보다 잘난 사람을 봐도 질투하지 않는다. 반면, 열등감으로 똘똘 뭉친 사람은 언제나 자기 자신을 부정하고 자신이 남들보다 못하다는 생각에 사로잡혀 있기 때문에 질투심이 많다. 질투는 나와 같은 꿈과 희망을 품은 사람을 보았을 때 생기는 부적절한 부적응감정이다. 다시 말해, 질투는 다른 사람에게 패배했다는 사실을 인정했을 때 나타나는 반응이며, 결여된 자아 정체감을 표현하는 것이다.

화려한 생활과 높은 사회적 지위를 부러워하고 값비싼 물건을 손에 넣고 싶을 때, 나는 불가능한데 남들은 가능하다는 사실로 인해 심리적인 결핍이 생긴다. 이때 사람들은 깊이 생각해 보지도 않고 "왜 남들은 다 가능한데 나만 불가능하지?"라고 푸념을 늘어놓는다. 자신의 능력이 부족한 것은 인정하지 않고 잘난 사람들을 시기하거나 스스로 못났다고 생각하며 심각한 열등감에 빠지기도 한다.

열등감에 빠진 사람이 질투하는 것은 남들보다 더 잘난 사람이 되고 싶기 때문이다. 자신이 남들보다 뒤처진다는 사실을 발견했다면, 질투심을 불태우며 남의 밥에 재를 뿌릴 게 아니라 남들보다 뛰어난 자기만의 장점을 찾기 위해 노력해야 할 것이다. 상대를 짓밟고 괴롭히기보다는 자신의 가치와 소양을 높이는 게 중요하다.

질투와 함께 사람들에게 많이 나타나는 비이성적인 요소로 의심을 꼽을 수 있다. 의심은 고질병과 같아서 완전히 제거할 수 없고, 시시때때로 우리의 마음을 어지럽힌다. 근거 없는 의심은 자신의 주관적인 생각이나 타인의 언행에 대한 비논리적인 의심과 추측을 바탕으로 한다.

살면서 누구나 오해를 받아 본 경험은 있을 것이다. 이때 중요한 것은 최대한 빨리 오해를 푸는 일이다. 제때 오해를 풀지 못하면 추측으로 발전하고 결국 걷잡을 수 없는 결과가 초래되기 때문이다. 가장 좋은 방법은 내게 의심을 품은 상대와 허심탄회하게 대화를 나누며 사실을 바로잡고 오해를 푸는 것이다.

누군가를 의심하게 됐다면 시간을 두고 냉정하게 생각해 봐야 한다. 그런 뒤에도 여전히 의심이 풀리지 않는다면 의심을 품은 상대와 솔직하게 마음을 터놓고 대화를 해 보는 것이 좋다. 상대를 오해한 거라면 즉시 해소될 것이고, 오해가 아니라면 대화를 통해 상대의 생각을 이해하려는 노력이 필요하다. 또한 자신의 의심이 맞았다면 상대와 차분한 대화를 통해 해결 방안을 찾을 수 있다.

의심을 버리고 상호 이해와 소통을 통해 신뢰를 쌓을 때 우리는 비로소 갈등과 오해를 해소할 수 있다. 이것만이 의심이라는 주술에서 풀려날 수 있는 유일한 방법이다.

제2장

역경/속에서도/피는/꽃

스스로 만들어 낸 삶에서 벗어나기란 생각보다 어렵다.

하지만 인생을 살다 보면 누구에게나 어려운 순간이 찾아오기 마련이므로

너무 낙심할 필요는 없다.

그것 역시 인생에서 내가 이겨 내야 할 몫이기 때문이다.

삶의 늪에서 벗어나려면 스스로 박차고 나와야 한다.

그리고 고통도 감수해야 한다.

아무도 오지 않는 곳에 갇혀 있다면 스스로 뚫고 나와야 한다.

인생이 변화되기를 진심으로 바란다면 어떤 난관도 극복해야 한다.

역경 속에서도 미소를 잃지 않는 사람만이 그 안에서도 행운을 발견할 수 있다.

그럼에도
불구하고

─────── 아버지가 정해 준 남자와 결혼을 하고 네 아이를 키우면서 나는 잠시도 가만히 있어 본 적이 없었다. 작은 사업을 하다 망한 남편은 집에서 애나 키우라고 했지만, 쌀 한 톨 먹을 것이 없는 상태에서 애들을 배고프게 해서는 안 될 일이었다.

운전을 배워 트럭을 몰고 새벽길을 달릴 때면 아이들은 옆에서 칭얼거렸고, 아픈 애를 둘러업고 병원 문을 두드릴 때면 내 머릿속에서는 절대로 이대로는 살 수 없다는 울림이 있었다. "여자가 무슨 운전을 하냐?"며 툭하면 "어딜 여자가?"라고 손가락질을 해도 나에겐 목표가 있었다. 가난을 벗어나고, 적어도 내 아이들 배를 곯게 하지는 않겠다는…. 그래서 잠자는 시간도 아껴 가며 열심히 일했다.

여군을 가고 싶어 거울을 보며 멋지게 경례하는 연습을 했건만. 그리고 인천여고를 졸업한 후 법대를 가고 싶어 하기도 했건만. 여자라는 이유로 꿈을 포기하고 결혼을 하면서 고생이란 고생은 다해 본 것 같다. 여성이 밖으로 나오려고 하면 여러 가지 여건에 부딪혀 의기소침해질 수 있다.

가정에서 가까운 인맥 외에는 사회활동에 거의 참여하지 않으며, 꼭 필요한 일이나 육아, 쇼핑을 제외하고는 대부분의 시간을 집에서 지냈다. 그러다 막상 사회로 나오려니 '경력 단절 여성'이라는 꼬리표가 달려 있고, 왠지 자신도 모르고 변화된 세상에 나오는 자체가 두려워지기도 한다.

아이가 등에서 먹지를 못하고 탈진해서 위험한 상태가 될 뻔했을 때도 나는 일을 해야 했다. 나에게는 두려움이 없었다. 아이들을 제대로 키워야 했고, 초등학교 졸업의 학력을 가진 남편을 성공시켜야 했기 때문이다.

남편을 시의원으로 만들고 여러 학교에 최고경영자 과정을 졸업하게 하고 외국어도 배우게 했다. 난 그때나 지금이나 배워야 산다는 생각에는 변함이 없다. 배움은 사람을 무지로부터 자유롭게 만들어 주고 자존감을 회복시켜 준다는 것을 알았기 때문이다. 사회생활을 하다 보면 대화하고 행동해야 할 일이 많아지므로 사람들과 어울리기 위해서는 배움의 노력이 필요하다.

° 토론을 통해 생각 나누기

사람들과 잘 어울려야 조직 생활에서 원만한 인간관계를 이루게 되고 원만한 인간관계는 사회생활에서도 매우 중요하다. 이를 위해서는 상대방에 대해 이해를 하는 것이 중요하고, 어떤 문제에 대해 토론을 하거나 서로의 생각을 나눌 기회를 자주 갖는 것이 중요하다.

° **SNS 활용하기**

"난 못해!"라고 하지 말고 모르면 배워야 한다. 모르는 것을 스스로 인정하고 배우는 자세가 필요하다. 인생에서 핑계란 없다.

° **경력 다시 쌓기**

자신 없어진 마음을 다시 추스르고 하고자 하는 일에 관련된 자격증을 따자. 굳이 자격증이 필요 없다면, 하고자 하는 분야의 정보를 수집하여 목표를 세우고 일을 찾는 것이 중요하다. 나의 목표가 확실한 사람은 두렵지 않으며, 추구해야 할 목표가 있고 자신감이 있으면 무엇이든 할 수 있다.

무지는 사람의 몸과 마음을 힘들게 하고 인간관계에도 영향을 미친다. 위와 같이 배우는 노력을 통해 인간관계에서도 서서히 마음이 열리고 사람들과 쉽게 친해질 수 있을 것이다.

또 다른 나를 만나기 위한
힘찬 발걸음

──────── 누군가의 위로가 필요한가? 지금까지의 나에서 벗어나려면 고독도 견디고 슬픔도 참아야 한다. 너무 가혹하게 들릴지 모르지만, 내 스스로 헤쳐 나오는 것밖에 길이 없다.

내가 가난한 집을 나와 동생 셋을 데리고 나왔을 때 내 나이 19살이었다. 세 명의 동생을 가르치고 입히고 먹이기 위해 가정교사를 자처하며 갖은 고생을 했다. 그런 용기가 어디서 나왔는지 모르겠지만, 가난한 집에 그대로 있다가는 동생들이 배움을 계속하지 못할 것 같은 불안감이 컸던 것 같다.

이제 나와 같이 늙어 가는 동생들은 누나 덕이라며 뒤늦게 배우고 있는 나를 위로하고 격려해 주고 있다. 지금도 배우는 일이라면 어디든 적극적인 나를 보며 엄마는 돌아가시기 전 여자라고 많이 못 배우게 한 것을 후회하셨다. 박사를 하기 위해 미리 10년 전 박사복을 맞춰 놓았던 나의 열정에 스스로가 대견스럽기도 하다.

며칠 전에는 미국에 살고 있는 아들이 전화를 해서는 "엄마! 많이 배우게 해 주셔서 감사합니다. 그때 공부 안 한다고 엄마 속 썩혔을 때 끝까지 믿어 주시고 배우게 길을 열어 주신 덕에 제가 잘 지내고 있습니다. 어머니! 감사하고 사랑합니다."라고

　　　　　　　　　　　　　77세 변화와 혁신

감사 인사를 해 왔다.

나는 현실과 타협하지 않고 환경을 탓하기보다는 희망을 접지 않고 무슨 일이 있어도 고생을 해 가면서도 무조건 행동했다. 배움에 있어서는 어떠한 핑계도 통하지 않는다. 하면 된다. 그 말을 나는 믿는다.

"앞으로 뭘 해야 할지 모르겠어. 이제 어떻게 살지? 이 현실을 어떻게 견뎌야 하지?"

누군가 내게 물으면 무조건 정신력으로 하라고 말한다.

"네가 지금 고민하는 건 당연해. 하지만 무엇부터 해야 할지 생각해 본 후, 무조건 박차고 나가 행동했으면 좋겠어."

난 앉아서 고민만 하는 사람을 그다지 좋아하지 않는다. 그 시간에 행동하라고, 그래야 인생이 달라진다고, 절실함이 있어야 인생을 바꿀 수 있다고 말한다.

스스로 만들어 낸 삶에서 벗어나기란 생각보다 어렵다. 하지만 인생을 살다 보면 누구에게나 어려운 순간이 찾아오기 마련이므로 너무 낙심할 필요는 없다. 그것 역시 인생에서 내가 이겨 내야 할 몫이기 때문이다.

삶의 늪에서 벗어나려면 스스로 박차고 나와야 한다. 그리고 고통도 감수해야 한다. 아무도 오지 않는 곳에 갇혀 있다면 스스로 뚫고 나와야 한다. 인생이 변화되기를 진심으로 바란다면 어떤 난관도 극복해야 한다. 현실 세계에서 용감히 걸어 나와

단단하게 닫힌 문을 부수고 또 다른 나를 만나기 위해 힘차게
발을 내딛자.

성공으로 가는
'열정'이라는 열쇠

——————— 사람은 평생 자기가 가지고 있는 능력의 절반
도 사용하지 못하고 죽는다고 한다. 불과 몇 퍼센트밖에 사용
하지 못하는 사람이 있는가 하면, 드물기는 하지만 인간 능력
의 한계를 의심하게 만드는 사람도 있다. 이러한 기준으로 삶
을 완전 연소하는 삶, 불완전 연소하는 삶, 그리고 미지근한 삶
의 세 가지로 분류하기도 한다.

대부분의 사람들은 미지근한 삶과 불완전 연소하는 삶을 산
다. 그저 남들처럼만 사는 것에 만족한다. 이들에게는 평범함
이야말로 최고의 미덕이다. 그렇다고 이들이 잔꾀를 부리거나
다른 사람들에게 피해를 주는 것은 아니다. 대부분 성실하며
그저 자기 일만 열심히 하면 된다는 사고를 갖고 있다. 그에 비
해 자신이 가진 능력을 최대한 활용하여 마지막 남은 한 방울까
지도 쏟아부으며 완전 연소하는 삶을 사는 사람들이 있다. 이
들에겐 '신화를 일구어 낸 사람'이라는 수식어가 붙는다.

무엇이든지 간절히 원하는 것은 성취할 수 있다. 의지가 있으면 문은 항상 열려 있다. 물론 그 길은 직선 코스일 수도 있고, 아닐 수도 있다. 그래서 우리에게 필요한 것은 수많은 난관을 극복하고 헤쳐 나갈 힘, 즉 열정과 의지력이다.

이런 열정은 다른 사람들에게도 전염되어 자신이 전하고자 하는 말에 대한 신념을 공유하게 한다. 설득해야 할 대상이 누구이든지, 설득하려는 것이 무엇이든지 간에 공통적으로 적용되는 조건이 바로 열정과 확신이다. 상대를 움직이려 한다면 내가 먼저 할 수 있다는 믿음을 가지고 열정적이 되어야 한다.

성공적인 인생은 바로 확고부동한 신념의 여부에 의해 가름된다. 신념은 일에 대한 긍지와 확신에서부터 시작된다. 일이 신나고 재미있다면 더 잘해 보려는 동기가 생기게 되고, 긍지를 갖게 되면 자기 스스로 중요한 사람이라고 느끼게 된다. 스스로 '나는 꼭 필요한 사람'이라며 자기를 소중하게 여기는 감정은 타인에게 신뢰를 얻게 한다.

사람의 능력이나 신념은 눈빛에 나타난다. 확실한 삶의 목표를 가지고 자신감에 넘치는 사람의 눈빛과 자신감이 없어 주눅든 사람의 눈빛은 확연히 차이가 난다. 매사에 도전적이고 삶에 대한 희망과 기대로 가득 찬 사람의 눈은 멀리서도 광채가난다. 신념이 있는 사람의 눈빛은 상대를 끌어당기는 힘을 지니고 있다. 그야말로 눈빛이 살아 있는 사람이다.

우리에게는 힘든 현실 속에서 스스로의 삶을 지탱해 줄 수 있는 힘이 필요하다. 무력감과 일상의 어려움은 우리를 지치게 하지만, 저마다의 탈출구를 마련해 스스로의 인생을 만들어 가야 한다. 그러기 위해서는 현재의 삶 속에서 희망 찬 미래를 끌고 들어오는 상상력도 필요하고, 나 자신을 믿고 현실의 어려움에 주저앉지 않도록 스스로를 격려할 줄도 알아야 한다.

그래서 자신감도 필요하다고 생각한다. 남에게 피해를 주거나 다른 사람들로부터 잘난 척하는 느낌을 주는 것은 곤란하겠지만, 자신의 삶에 대한 자신감은 바람직하다. 내가 열정적으로 신바람이 나서 사는 모습은 보는 이도 신나게 하고 즐겁게 만든다. 그러나 내가 기운도 없고 매사에 의욕도 없다면, 그 기운이 다른 사람에게 전해져 분위기 전체가 가라앉는다.

우리는 누구나 삶을 멋지게 살 수 있다. 나는 매일 아침 집을 나서기 전에 운동을 하고 하루 종일 있을 일에 대해 기쁘고 행복하게 생각하며 최선을 다하겠다고 마음속으로 다짐한다. 행복하게 사는 일이 어렵다고 생각하지 않는 나는 새로운 일이 다가오는 것을 두려워하고 피하려 하지 않는다.

새로운 일은 오히려 나의 일상이 되었다. 흔히 말하는 평범하고 단조로운 일상이란 내 삶에서는 존재하지 않는다. 매일 새로운 목표를 세우고 그것을 위해 혼신의 힘을 다하는 과정에서 나는 살아 있다는 희열을 맛본다. 나에게 도전하는 삶은 특별한 일이 아니라 바로 삶 자체이다.

나는 사람들로부터 "지치지 않고 매사에 열정적이다."는 말을 들으면 기분이 좋다. 그런 말을 들을 때마다 나는 '죽는 그 날까지 열정을 가지고 일하리라.' 하고 스스로를 다잡는다. 노인대 학장으로서 일에 대한 열정과 박사 학위라는 목표에 대한 열정이 없다면 내 삶에는 의미가 없다. 열정이야말로 나의 삶을 적극적으로 만들고 긍정적으로 바라볼 수 있게 하는 원동력이다.

각자의 능력 속에 잠재되어 있는 열정을 불러일으키는 때가 성공으로 돌아서는 터닝 포인트라고 하듯이, 열정이야말로 우리의 삶을 성공으로 이끌어 가는 가장 강력한 수단인 것이다.

내 인생의 설계자,
내 운명의 주인

———————— 세상은 각종 조언으로 넘쳐난다. 종교, 사회, 가정, 회사, 유명 인사들은 우리가 어떤 사람이 되어야 하는지, 어떻게 살아야 하는지에 관해 다양한 생각을 제시한다. 그러나 외부 세계의 '조언'과 나의 '생각'이 일치하는 경우는 그리 많지 않다.

어떻게 살아야 할지 스스로 결정하는 순간, 우리는 자신의 정체성을 찾게 된다. 사실 세상에서 내가 가야 할 길을 알려 줄 수 있는 것은 오직 자신뿐이다. 쉽게 닿을 수 없는 천국에 사는 하나님에게 어떻게 살아야 할지를 묻기보다는 자기 자신에게 묻는 편이 더 낫다. 우리가 해야 할 일은 오직 자신의 원칙을 지키는 것이다. 내 마음의 소리에 귀를 기울이고 과감히 앞으로 나아가자.

그런데 주변에 보면 줏대 없이 누가 '하자' 하면 하고 그러다 결과가 나쁘면 남 탓으로 돌리는 사람들이 있다. 나의 생각이나 행동에 일관성 없이 남들이 원하는 방향으로 움직이는 사람이다. 이런 사람들은 주로 자기 주관이 없고 자신의 인생에 주인공이 되지 못하는 사람들이다. 그렇다면 내 인생에서 내가 주인공으로 살기 위해서는 어떤 노력을 기울여야 할까?

° 스스로에게 질문 던지기

나는 누구이며 왜 이 일을 하는 것인지 그리고 이것이 왜 내게 필요한 것인지, 내 자신에게 질문해 보자. 내 인생의 주인공으로 사는 사람인 나를 소중히 생각하며, 타인의 의견을 존중해 주되 무작정 따르지는 않는 것이 중요하다. 매사에 즉흥적으로 행동하며 소신을 가지고 행동하지 않는 경우, 더더욱 항상 스스로에게 질문하는 습관을 길러야 한다. 내가 왜 이것을 해야 하는지? 그리고 그것은 무슨 가치가 있는지? 이렇게 생각을 하다 보면 매사에 신중해지므로 실수를 줄일 수 있다. 나의 주관을 가지고 무조건 남에게 따르기보다는 내 생각도 하다 보면 자기만의 주관을 가지게 될 것이다.

° **SNS를 활용하여 다양한 정보를 검색해 보고 그것에 확신을 가진 후 행동하기**
자기 주관이 없는 사람은 정보에도 어둡게 마련이다. 따라서 남의 의견에만 무조건 따르는 사람이라면, 어떠한 일을 하기 전에 정보를 수집하고 충분히 이해하려는 노력이 필요하다. 그러면 다른 사람을 그대로 모방하는 일은 피할 수 있다.

° **사고력 키우기**
동조하길 좋아하는 사람은 스스로 생각하는 습관이 없다 보니 생각 자체를 하기 싫어하고 귀찮아한다. 따라서 평소에 퀴즈를 풀거나 추리소설을 읽으며 사고력을 키우는 것이 좋다.

° **쉬는 날 주도적으로 친구들과 약속 잡기**
주말이나 휴일에 주도적으로 친구들과 약속을 잡아 영화나 연극을 보거나 교외로 여행을 떠나 보자. 이런 활동을 통해 스스로 생각하고 결정하다 보면 독립성이 향상되고, 자기만의 주관을 형성하는 데도 큰 도움이 될 것이다.

° **다큐 프로그램 자주 시청하기**
평소 사회의 여러 면모를 담은 다큐 프로그램을 시청하면 살면서 겪을 수 있는 다양한 갈등과 문제를 접하고 해결책을 배울 수 있다. 이를 통해 세상을 바라보는 안목이 넓어지고 옳고 그름을 판단하는 능력도 커진다. 이에 따라 맹목적으로 다른 사람을 따라 하는 일은 크게 줄어들 것이다.

° **전화로 선배나 부모에게 조언 구하기**
어른 말 들어서 손해 볼 것 없다는 옛말이 있다. 사회 경험이 부족할수록 동조 심리가 강해진다. 이를 피하기 위해 수시로 선배나 부모에게 전화해 조언을 구하는 것도 좋은 방법이다.

다른 사람의 의견을 참고할 수는 있어도 그것을 유일한 판단의 근거로 삼아서는 안 된다. 즉, 다른 사람의 평가로 내 인생을 결정할 필요는 없다. 내면의 소리에 귀를 기울이고 나의 열정이 이끄는 대로 나아갈 때 비로소 원하던 목표를 이룰 수 있을 것이다.

자기 인생의 목표와 방향을 설정할 수 있는 유일한 사람은 나밖에 없다는 사실을 명심하고 다른 사람의 평가에 신경 쓰지 말고 용감히 나만의 길을 걸어가 보자. 나는 내 인생의 설계자이자 운명의 주인이다. 성공은 우리를 기다려 주지 않으며, 인생은 계획대로 전개되지 않는다. 만반의 준비를 했다면 무엇을 기다리는가? 핑계거리를 찾지 말고 즉시 행동으로 실천하자! 첫 번째 발걸음을 내딛는 순간 완전히 새로운 인생이 눈앞에 펼쳐질 것이다.

끌려 다닐 것인가,
끌어 갈 것인가

──────── 사람들은 살면서 수많은 문제에 직면하는데, 이런 문제를 처리하는 과정에서 심리적인 불균형이 출현한다. 심리적인 불균형이 나타나면 '심리적 보상'이 필요하다. 동서고금을 막론하고 위대한 인물들의 성공 비결은 심리적인 균형을 잘 유지한 데 있다. 이들은 심리적인 불균형이 출현하면 '심리적 보상'을 통해 균형을 회복하고 내적 에너지를 보충했다. 그렇다면 이러한 심리적 보상은 어떻게 이루어지는 걸까?

° 번뇌에서 자유로운 인생은 없다는 사실 인식하기

심리적 보상은 이성과 지혜를 기반으로 한다. 사람은 오욕칠
정의 다양한 감정을 가지고 있으며, 불쾌한 일을 겪으면 당연
히 기분이 상한다. 이성과 지혜가 부족한 사람은 원망과 불평
을 늘어놓고 어디를 가나 사람들을 붙잡고 하소연하기에 이른
다. 그렇게 하면 고통에서 벗어날 수 있을 거라고 생각하지만
시간만 낭비할 뿐, 상황은 전혀 개선되지 않는다. 이성과 지혜
를 두루 갖춘 사람은 용감히 현실을 인정하며, 그로 인한 고통
이 한 번에 사라질 거란 환상을 품지 않는다. 그리고 애초에 그
러지 말아야 했다는 식으로 자신의 행동을 후회하지 않고, 누
구에게나 일어날 수 있는 일이라고 생각하며 하늘을 원망하지
않는다. 이렇게 정신적인 스트레스를 줄여서 평정심을 되찾는
다. 그 후, 사건을 객관적으로 분석하고, 자신의 경험을 총동
원하여 문제를 해결하기 위해 적극적으로 노력한다.

° 좌절과 실패를 맛보았다면 '정신승리법'으로 극복하기

예를 들어 실패한 일을 두고 '실패는 성공의 어머니'라고 생
각하며 스스로 위로하는 것이다. 또는 사람들에게 오해를 사
거나 비방을 들으면 '사람은 원래 욕을 먹으면서 성장한다.'
고 생각한다.

° 자신을 객관적으로 평가하기

심리적 보상에서 자기위안은 지나친 자기 합리화나 잘못을
위한 변명과 다르다. 자신의 결점과 잘못을 객관적으로 평가
하고, 자신에게 엄격한 잣대를 들이댈 수 있는 사람이 되어
야 한다.

한 철학자는 말했다. "스스로 내 마음의 주인인 사람은 삶에
끌려 다닐 것인지, 삶을 끌어 갈 것인지 마음이 정한 대로 행
동한다. 마음의 균형을 유지하는 사람의 인생은 희망으로 빛나
고, 마음의 균형을 잃은 사람의 인생은 먹구름이 가득하다."

내 삶의 타율을
높이는 방법

─────── 타임 리프(time leap)를 영화나 소설에서 간혹
만난 적이 있을 것이다. '시간을 뛰어넘다'는 뜻으로 자신이 원
하는 시간으로 이동하는 것을 의미한다. 이렇게 시간으로의
이동을 하는 이유는 그 시간을 통해서 무언가 얻을 것이 있다
고 믿기 때문이다. 그런데 꼭 이렇게 시간을 이동하는 방법이
아니라도 현실에 존재하지 않는 것을 가져오는 방법이 하나

있다.

그것은 바로 사람들이 누구나 꿈꾸던 일을 현실에서 실현하는 것이다. 그렇게 하면 우리가 미래에만 가질 수 있다고 생각했던 것들을 현실에서 가질 수 있게 된다. 그런데 어떻게 보면 이는 불가능하다는 생각이 들 수도 있을 것이다. 그러나 기존에 우리가 가지고 있는 것을 잘 발전·변화시킨다면 얼마든지 실현이 가능하다.

인류는 이렇게 꿈꾸던 이상을 현실로 실현시키는 것을 통해서 이만큼 발전할 수 있었다. 불가능한 것을 가능하게 만드는 것은 그만큼 많은 시행착오를 겪어야 하는 일이긴 하지만 많은 이들은 살아가면서 실패를 경험하고도 다시 도전하기를 되풀이했던 것이다.

사람은 누구에게나 꿈이 있고, 그 꿈은 마음먹기에 따라 언제든 실현 가능하다. 내가 늘 하는 말은 간절함이 인생을 바꿀 수 있다는 것이다. 입으로만 잘 살고 싶다고 하고 정작 실천이나 노력을 하지 않으면 그 꿈은 그냥 꿈에 불과한 것이다. 꿈이 없다면 그냥 살아만 가는 것이나 다름없다.

젊은 날의 꿈을 소중히 키워 그 꿈을 이루는 사람이 있고, 자기의 꿈과는 전혀 다른 삶을 사는 사람도 있다. 그리고 더 많은 사람들은 사는 데만 급급해서 꿈 따위는 사치한 것이라며 잊어버린 지 오래라고도 한다. 아무리 세상살이가 각박하고 우리의 삶이 버겁다고 해도 가슴속에 꿈 하나씩은 담고 살아야 하지 않을까? 이미 소망하던 꿈을 이루었다면 또 새로운 꿈을 꾸자.

나는 지금도 매일 아침 일어나면 제일 먼저 자녀들을 위한 기도를 한 후 내가 소망하는 것들을 이룰 수 있게 용기를 달라고 기도한다. 내 꿈은 아주 소박하다. 그리고 이룰 수 있는 것을 정해 놓았다. 너무 욕심을 내어 버겁게 되면 스스로 스트레스를 받기 때문에 실천 가능한 목표를 정하고 작은 실천부터 하고 있다. 크든 작든 목표를 세우고 그것을 이룩하기 위해 노력한다. 이런저런 꾀를 내 본다고 해서 세상사 그리 녹록하던가?

때로는 노력에 비해 결실이 보잘것없다는 생각에 억울한 느낌이 들 때도 있을 것이다. 그러나 멀리 내다보고 끈기 있게 매진하여 땀의 가치를 알게 될 때쯤이면 어느새 성공의 가도를 달리고 있는 자신을 발견하게 될 것이고, 한 가지 진리도 깨닫게 될 것이다. 삶에는 지름길이 없다. 단 한 번으로 승부를 내겠다는 생각은 무리수를 두게 한다. 자신을 한없이 낮추거나 시종일관 상대에게 끌려 다니기도 한다.

야구에서 타율이 3할이면 강타자에 속한다. 그러나 3할이라는 타율은 타석에 열 번 들어서서 일곱 번 실패하고 세 번 성공했다는 것을 의미한다. 우리네 삶도 마찬가지다. 여러 번 실패했다고 해서 계속 실패하란 법은 없다. 꾸준히 노력하다 보면 자신만의 삶의 노하우가 생길 것이다. 포기하지 말고 끝까지

도전하라. 누구의 삶이 아닌 나의 삶이다.

내 삶의 철학,
일관성

──────── 오랫동안 나를 보아 온 사람들은 예나 지금이
나 한결같다고 말한다. 예전이나 지금이나 어려운 사람들을 보
면 도와주고 언제나 활기 있게 살아가는 모습이 좋아 보인다는
것이다. '한결같다'는 표현이야말로 최상의 칭찬일 것이다. 난
배우는 일이라면 그 어떤 일을 제쳐 두고라도 배우는 것에 우선
순위를 둔다. 그래서 남편의 반대에도 무릅쓰고 아이들을 가르
치기 위해 노력을 기울였다. 다행히 아이들은 내 뜻을 이해하
고 잘 따라 주었고, 각자 맡은 바 일선에서 자신의 역할을 다하
고 지낸다.

유산을 물려줄 수 없어도 배워야 산다는 정신은 손자들에게
까지 전해졌는지 배움만큼은 게을리하지 않는 것 같다. 77세의
나이에 박사 공부를 하고 있는 할머니를 자랑스럽게 생각하기
도 한다. 공부도 다 때가 있다고 하는데 평생교육의 정신으로
평생 배워야 하는 게 맞는 것 같다. 나의 배움에 대한 일관성은
집안을 변화시켰고 생각을 변화시켰다.

인간관계에서도 일관성은 관계를 투명하게 하고, 그러한 모습들은 가장 상대를 감화시키는 강력한 설득 수단이 되기도 한다. 하지만 한결같기가 말처럼 쉬운 일은 아니다. 누구든 어떤 일을 처음 시작할 때의 초심을 끝까지 유지한다면 자신이 하는 일에 적어도 전문가 소리는 듣고 살 것이다. 나의 삶의 철학 가운데 가장 중요하게 으뜸으로 꼽는 것 중 하나가 바로 일관성이다. 처음 머리에 이고 계란 장사를 할 때나 홍익뷔페를 크게 할 때나 지금까지 이 원칙은 단 한 번도 흔들린 적이 없다.

나는 누구에게나 일관된 모습으로 그렇게 행동하며 살아왔다. 강의를 할 때나 연수구 노인대 학장으로서 강단에 설 때도 그러한 메시지를 전달하고자 노력한다. 복잡한 세상에서 일관된 모습을 유지하기 위해서는 나름대로 확고한 기준이 서 있어야 한다. 정치인은 정치인대로, 사업가는 사업가대로, 교육자는 교육자대로…. 그리고 내가 하는 일에 끝까지 그 일관성대로 지키며 살아가야 한다.

선거철만 되면 교육자가 정치인이 되겠다고 나오고 연예인도 정치판에 모습을 보인다. 철새 정치인들이 어느새 등장한다. 말로는 국민을 위한 어쩔 수 없는 선택이라고 구차한 변명을 늘어놓으며 정치 판도에 따라 당을 이리저리 옮겨 다닌다. 자신들이 일관성을 가지고 있는 것처럼 보이기 위해 자신을 합리화시키려는 노력까지 한다. 유권자들이 가장 싫어하는 정치인이 바로 이들 철새 정치인이다. 다음에는 또 어떻게 변할지 모르기 때문에 불신을 가져오기 마련이다.

일관성을 갖기 위해서는 우선순위를 정하고 이를 실천하는 노력이 필요하다. 일관성을 유지한다는 것은 항상 과거와 똑같은 모습이나 원칙을 유지하는 것만을 의미하는 게 아니다. 경우에 따라서는 원칙을 수정해야 할 때도 있다. 명백하게 잘못된 행동에 대해서도 자신의 잘못을 인정하기 싫어서 일관되게 고집을 부리는 것은 잘못이다. 일관성과 쓸데없는 아집은 구분되어야 마땅하다.

위기 속에서
찾은 기회

─────── 우리의 삶은 하루하루가 전쟁이라고 해도 과언이 아니다. 모두가 자신의 욕망을 실현하기 위해 서로 부딪히고 싸우는 곳이 우리가 살고 있는 사회이다. 사람은 누구나 편안하고 안정된 삶을 원하지만 살다 보면 많은 어려움과 만나게 된다. 한 고개를 넘었다 싶으면 예기치 못한 또 다른 고개가 눈앞에 기다리고 있다. 우리는 이러한 시련을 때로는 슬기롭게, 때로는 의연하게 대처해야 한다.

몇 년 전 인기리에 방영되었던 〈성공시대〉라는 TV프로그램
이 있었다. 사회각계에서 나름대로 일가를 이룬 사람들이 출연
하여 자신의 성공담을 들려주는 프로그램이었던 것으로 기억한
다. 그런데 주인공들은 하나같이 거듭된 실패를 극복하거나 어
려운 역경을 이겨 낸 사람들이었다. 사실 '성공시대'가 아니라
일종의 '시련 극복기'라고 해야 할 정도였다.

하긴 평범한 사람이라면 매스컴에 등장할 리도 없다. 매회 똑
같은 설정인데도 시청자들은 질리지도 않고 새삼스레 감동의
눈물을 흘렸다. 그만큼 위기를 극복한 사람들은 주위 사람들로
부터 그들의 값진 노력을 인정받는다. 처음부터 완벽한 조건에
서 순조롭게 일이 풀려 승승장구하는 사람보다는 온갖 역경을
딛고 무언가를 일구어 낸 사람에게 더 호감을 갖는 것은 당연지
사이다.

이웃 일본에서는 일찍이 '실패학'이라는 학문이 성행하고 있
다고 한다. 이른바 실패학이란 실패를 하나의 학문적 차원에서
연구 · 분석 하는 것이다. 실패학을 연구하는 사람들은 세계적
인 실패 사례들을 엄선하여 원인을 분석하고 그 가운데 교훈을
얻어 비슷한 실패를 겪지 않게 하는 것을 목표로 한다.

대부분의 사람들이 자신의 실수나 실패에 대해서는 흔히 솔
직하게 인정하기보다는 우선 변명부터 늘어놓으려 한다. 나름
대로 최선을 다했는데 시기가 좋지 않았다는 둥 주위에서 협조

가 없었다는 둥 운이 따라 주지 않았다는 둥 그야말로 핑계 없는 무덤이 없다. 실패나 실수조차 정중하게 받아들일 수 있다면 그 사람은 스스로를 개선할 수 있는 자세가 된 사람이다. 그뿐만 아니라 상사를 비롯하여 동료나 선배들로부터도 좋은 평을 받을 수 있다.

물론 일을 추진하다 보면 한눈팔지 않고 허리가 휘도록 최선을 다했는데도 만족스러운 결과를 얻지 못할 때가 있다. 이 경우에는 당연히 억울하다는 생각이 들 것이다. 그러나 남을 탓한다고 해서 달라지는 것은 없다. 오히려 문제를 더 복잡하게 만들 뿐이다. 어떤 상황에서도 일이 꼬일 때는 그 원인을 일차적으로 자신에게서 찾아야 한다.

"君子求諸己. 小人求諸人(군자구제기, 소인구제인)." 『논어』에 나온 명언이다. 군자는 책임을 스스로에게서 찾고 소인은 남에게서 찾는다는 뜻이다. 잘못을 인정하지 않고 빠져나갈 궁리만 하는 사람에게 성공이란 말은 그야말로 어불성설이다. 신이 아닌 우리는 완벽할 수 없다. 중요한 것은 삶의 목표에 어떤 마음가짐으로 도전하느냐에 달려 있다. 시련을 극복하는 최상의 방법은 시련과 정면으로 부딪히는 것이다. 일례를 들어 본다.

지난겨울 우리나라를 휩쓸고 지나간 조류 독감으로 막대한 피해를 본 양계업자들이 치킨 가게 주인들 역시 자신의 의지와는 무관하게 뼈아픈 실패를 겪었을 것이다. 가슴 아픈 일이기는 하지만 솔직히 한 다리 건너라고 남의 일로만 여겼는데 알고 보니 내 주변에도 같은 피해자가 있었다. 먼 친척뻘 되는 조카가 회사를 그만두고 퇴직금이다 뭐다 전 재산을 털어 넣어 하필이면 이때 치킨 외식업을 시작한 것이다.

친척 형님은 요즘 같은 시기엔 아무래도 월급쟁이가 낫지 않겠냐며 내게 조카 설득을 부탁해 왔지만, 나름대로 말 못할 속사정이 있겠다 싶어 그냥 내버려 두었다. 치킨집을 연다는 이야기를 들었을 때도 차라리 잘했다고 격려해 주었다. 워낙 닭은 누구나 즐기는 음식이기에 잘될 거라는 생각에서였다. 그런데 개업식 꽃이 채 시들기도 전에 그 유명한 조류독감 파동을 만난 것이다.

빚을 끌어다 겨우겨우 치킨 가게를 시작한 사람들은 울화를 이기지 못해 자살하는 사례까지 속출했다. 행여 몸도 마음도 만신창이가 된 채 허우적거리는 않을까 걱정되어 조카를 찾아갔다. 그런데 우려했던 것과는 달리 조카는 잘 지내고 있었다. 모든 경비를 쥐어짜고 절약하면서 서둘러 개업하느라 미처 미흡했던 공부를 하고 있었다. 닭에 대한 연구며 외식 사업에 관해서며 새로운 마케팅 전략에 관한 책들을 보면서 파동이 끝날 때를 대비하고 있었다.

게다가 틈틈이 동네를 돌아다니며 배달 지도까지 손수 만들고 있었다. 뭐든지 '빨리빨리'를 원하는 사람들에게 어필하기 위해서는 무엇보다 정확하고 신속한 배달이 관건이라며 나름대로의 노하우도 쌓아 가고 있었다. 얼마나 대견하고 기특하던지 돌아오는 길에 형님에게 들러 조카 칭찬을 입이 마르도록 했다.

사람은 누구나 실패를 경험한다. 아무것도 시도하지 않는 사람은 절대로 실패하지 않는다는 말도 있다. 그러나 위험을 감수하지 않으면 아무것도 얻지 못한다. 위기 속에 기회가 있고, 기회 속에 위기가 있다고 하지 않았던가. 실패를 겪은 후 어떤 반응을 나타내느냐에 따라 남은 인생의 향방이 결정된다.

역경 속에서도
피어나는 꽃

—————— 실수를 '기회'로 바꿀 수 있다면 성공한 사람임에 틀림없다. 실수는 누구나 할 수 있지만, 그것을 좋은 기회로 받아들일 것인지는 마음먹기에 달렸다. 긍정적으로 생각하는 사람은 실수 속에 숨겨진 행운을 찾아낼 수 있다.

인생의 갈림길에서 넓고 평탄한 길을 선택한다면 아무런 역경 없이 편안한 여정을 즐길 수 있지만, 자신을 단련할 수 있는 경험은 하지 못할 것이다. 반대로 좁고 험난한 길을 선택한다면 고통을 느끼겠지만 역경으로 위장한 행운을 발견할 수 있을 것이다.

인생이란 순탄하게 흘러갈 때도 있지만 그렇지 않을 때도 많다. 그러니 편안할 때 위기를 준비하는 자세를 가져야 한다. 행운을 잡았다고 해서 머물러 있어서도 안 되며, 불행이 찾아왔다고 해서 좌절에 빠져 있어서도 안 될 것이다.

실패를 구실 삼아 미래를 포기해 버리는 사람이 있는가 하면, 실패를 거울삼아 성공을 이루는 사람이 있다. "이제 끝장이야. 나는 틀렸어."라는 사고로는 영원히 실패의 늪에서 헤어날 수 없다. 기억해야 할 것은 어떤 실패도 인생 전반에 영향을 미치지는 않는다는 사실이다. 실패는 부끄러운 것이 아니다. 그러나 실패를 딛고 일어서지 못한다는 것은 부끄러운 것이다. 한 번의 실패에 모든 것이 끝장난 것처럼 주저앉아서는 안 된다.

매스컴에서는 거의 하루도 빠지지 않고 실패를 비관한 나머지 목숨조차 버리는 사례들이 보도된다. 심지어 자식까지 살해하는 부모도 있다. 그야말로 자식은 자신의 소유물이 아닐진대 그 무책임함에 어안이 벙벙해진다. 실패를 경험한 당시에는 그것이 인생에서 가장 큰 문제인 것처럼 보이지만, 지나고 나면 그것은 성공에 한 걸음 더 가까이 가기 위한 하나의 과정이었음을 알 수 있다.

역경은 절대적이고, 행운은 상대적인 것이다. 그러니 자신을 괴롭힐 필요는 없다. 긍정적인 생각은 좋은 결과를 가져오고,

부정적인 생각은 나쁜 결과를 가져오기 마련이다. 역경 속에서도 미소를 잃지 않는 사람만이 그 안에서도 행운을 발견할 수 있다.

돈, 명예, 권력
모두 갖는 방법

─────── 일반인들에게는 대단한 일도 아닌데 공인들에게는 특히나 더 조심해야 할 일들이 있다. 그래서 모든 일에 행동이나 말을 조심해야 하고 신중하게 처리함은 물론, 미래에도 도덕적으로 문제될 사안인지를 고민하여 문제가 생길 일은 하지 말아야 한다.

사람들은 직업을 선택할 때 돈, 명예, 권력 중 하나를 선택하여 자기의 직업을 찾게 된다. 이는 개인의 가치관에 따라 선택이 달라진다. 당연히 돈을 좋아하는 사람은 돈을 많이 버는 직업을 선택해야 하며, 명예를 좋아하는 사람은 학자, 가르치는 직업, 사회지도자와 같은 직업을 선택해야 하고, 권력을 좋아하는 사람은 정치인이나 공무원, 군인, 경찰과 같은 직업을 선택해야 한다. 이 세 가지 가치는 때에 따라서 다 가질 수 있지만 대부분은 한 가지만을 가질 수 있다.

사람의 욕심은 끝이 없어서 돈을 가지면 명예를 갖고 싶어 하고, 명예나 권력을 가지면 돈을 갖고 싶어 한다. 그러나 사회적인 윤리의식은 명예나 권력을 가진 사람들은 돈과는 멀리 떨어져 있기를 원한다. 따라서 돈과 명예, 권력은 서로가 대치되는 개념으로 생각하여 명예나 권력을 가진 사람이 돈을 너무 원하면 윤리적으로 문제가 되는 경우가 많다.

현대그룹의 정주영 회장이 우리나라에서 최고의 기업을 선도하는 최고경영자로서 성공의 상징처럼 존경을 받았다. 정 회장은 부에 있어서도 우리나라 최고 갑부였으며 사람들로부터 존경을 받았다. 그러나 권력을 갖고 싶었던 정 회장은 대통령 선거에 출마하였다. 결국 정 회장은 선거에서 참패를 하고 경제적인 부는 그대로 유지할 수 있었지만 선거 이전까지 받았던 존경받는 기업인이라는 명예적인 부분은 많이 희석되었다.

정치인들이나 고위 공직자들은 권력을 가졌음에도 불구하고 경제적인 부를 축적하다 보니 물의를 일으켜 사회적으로 매장되어 가지고 있던 권력도 잃게 되는 경우가 많았다. 이러한 현상들이 끊이지 않고 문제를 제기하게 됨에 따라 정부에서는 공직자 재산 공개 제도를 만들어 권력을 가진 사람들이 부당한 부의 축적을 원칙적으로 제거하려고 하였다.

그러나 아직까지 사람들은 남들이 부러워하는 권력을 가졌으면서도 돈에 대한 욕심을 버리지 못하여 자신의 권력을 잃게 되는 경우가 많다. 이처럼 사람들의 욕심은 끝이 없다. 이러한 욕심을 제거해야만 자신이 가졌던 부, 명예, 권력 중에서 하나라도 온전히 지킬 수 있는 시대가 되었다.

오히려 한 가지 가치만 선택하여 끊임없이 자기 개발을 한 사람들은 자신의 가치가 상승함에 따라 부를 가진 사람이 명예를 갖게 되고, 명예를 가졌던 사람이 부를 갖는 경우를 주변에서 쉽게 볼 수 있다. 평범한 사람들에게는 더욱 유혹의 손길이 많기 때문에 꼭 필요한 교훈으로 생각하여야 한다. 작은 이익에 눈이 멀어 본인이 원래 수행해야 하는 가치를 망각해서 망신살이 뻗치거나 자신의 자리마저 잃는 경우가 비일비재하기 때문이다.

성공하기를 원하는가? 그러면 돈, 명예, 권력 중 하나를 선택하여 열심히 정진해 보라. 그럼 언젠가 세 가지 가치를 모두 가지고 있는 자신을 발견하게 될 것이다.

제3장

불변의 가치가 탄생시킨 성공

요즘엔 누구나 변화를 강조한다.

변화하는 것은 사실 쉽지는 않지만, 전과는 다른 모습으로 변화하거나

혹은 다른 방향으로 가게 되면서 그만큼 고뇌하고 배우며 성장하기 때문이다.

그러나 우리가 겪게 되는 변화들이 모든 다 이로운 것은 아니다.

오히려 변하지 말아야 할 부분까지 변해 버려서 구성원에게 혼란을 주고

이직을 부추기고 경쟁에서 밀려나게 되는 경우도 많다.

그렇기 때문에 변하지 말아야 할 가치들까지 계속 변화하고 있다면

우리는 용기를 내어 변하는 가치에 도전하여

어떻게 하면 불변의 가치를 잘 지킬 수 있을지 생각해 보아야 한다.

도덕지수
높이기 훈련

───────── 대기업에서 요구하는 인재상에는 도덕성 항목
이 꼭 포함되어 있다. 기업에서 윤리 경영을 위해 도덕성 높은
사람들을 요구하고 있기 때문이다. 그래서 도덕성을 높이기 위
한 노력에 관심을 가지고 있다. 도덕성을 높이기 위한 방편으
로 도덕지수를 높이는 분위기이다. 도덕지수는 얼마나 착하고
양심적인가를 측정하는 지수이다.

도덕지수의 향상은 유아기 때 시작되어 초등학교 시절에 거
의 완성된다고 한다. 도덕지수의 개발은 실생활에서 사람들과
부딪히며 훈련을 통해서 쌓아야 한다. 학교에서 배우는 규칙적
인 암기나 학교 수업을 통한 학습이나 집안의 가정교육은 도덕
지수 훈련에 전혀 도움이 되지 않는다. 도덕지수는 사회생활
에서 부모나 다른 사람을 행동모델로 삼아 스스로 판단하면서,
올바른 것이 무엇인가를 깨닫는 과정에서 습득되기 때문이다.

따라서 부모가 말로는 도덕을 강조하지만 아이 앞에서 질서
를 어기거나 도덕적으로 어긋난 행동을 한다면 아이의 도덕의

식은 상처를 입게 된다. 도덕의식에 상처를 입게 되면 아이들은 두 개의 가치관을 가지게 되어 머릿속에서는 도덕을 지켜야 한다고 생각하지만 실제 행동에 있어서는 부모와 같이 질서나 규칙을 위반하게 된다.

성공한 유명한 사람들이 윤리 문제로 자신의 인생행로를 관리해야 하는 이유는 그들이 반드시 잘못을 저질러서가 아니다. 다른 사람의 모범이 되는 만큼 윤리규범을 엄격히 지키지 못할 때 미치는 파장이 크기 때문이다. 성공한 사람의 권한이나 명예가 크면 클수록 책임도 무겁기 마련이다. 대다수의 국민들은 성공한 사람들의 삶의 모습을 보고 인생의 모델로 삼아 따라 하거나, 생활신조로 삼기 때문이다. 결국 성공한 사람들의 말 한마디나 행동 하나는 국민 전체에게 미치는 영향이 크다.

한 국가의 건강도는 국민들의 도덕지수에 있다고 해도 과언이 아니다. 건강한 사회를 만들기 위해서 모든 국가들은 어려서부터 도덕교육에 관심을 둔다. 우리나라는 초등학교 때부터 도덕교육의 중요성을 인식하고 교육을 시키고 있으나, 고등학교에 가게 되면 입시 경쟁 위주의 교육이 진행됨으로 인하여 도덕교육에 대하여 신경을 쓰지 못하게 된다.

성인이 되어서도 예전에 배운 기억은 있는 것 같은데 사회에서는 그렇게 살지를 않기 때문에 사회 속에서 어울려 살기 위해 도덕불감증으로 살게 되는 경우가 많다. 그러다 보니 도덕과는 상관없는 삶을 살게 되고 사회의 치열한 생존경쟁만을 배워 자신의 이익을 위하여 물불 가리지 않는 현상이 생겨나게 된 것이다. 이 때문에 성공하고 나면 예전의 자신의 이익을 위해 도덕적이지 못한 행동들이 문제가 되어 자유로운 행보가 불가능해진다. 심하면 바닥까지 추락하는 원인이 된다.

따라서 성공을 오랫동안 유지하기 위해서는 도덕성을 길러야 한다. 이러한 도덕성을 높이는 시기를 2,3세부터라고 보고 그때부터 도덕교육이 시작되어야 한다고 학자들은 주장한다. 그러나 성인이 되어서도 성공하기 위해서는 도덕성을 높이기 위한 노력을 해야 한다. 그렇다면 성인들이 도덕성을 높이기 위한 방법을 살펴보자.

첫째, 사회학습 이론가들이 주장하는 바로서, 도덕적인 행동이 습관이 되도록 하거나 타인의 도덕적 행동을 관찰할 수 있는 기회를 부여하여 모방행동이 많이 일어나도록 하는 것이다. 예를 들면 도덕적으로 완벽한 사람들의 삶의 방식이나 행동 모습을 보고 그의 행동을 모방하는 것이다. 이러한 모방을 통해 규칙을 잘 지키고 다른 사람을 먼저 배려하게 된다면 자신에게 습관이 되어 도덕지수가 높아진다.

둘째, 인지이론가들이 주장하는 바로는 수시로 가치가 변화하는 사회 속에서 이에 합당한 도덕적 행위를 할 수 있도록 상황을 정확히 판단할 수 있는 능력을 키워야 한다는 것이다. 도덕적 판단 능력은 지적인 능력과 비례한다. 따라서 지적 능력이 높은 성인들은 도덕적 판단 능력은 높으나, 그것을 합리적으로 판단하지 않고 자신의 이익과 결부하여 판단하기 때문에 문제가 된다. 그러나 도덕 지수를 높이기 위해서는 자신이 하는 모든 행동에 대하여 무의식적으로 하지 말고 어떤 행동을 했을 때 사회적 규범에 일치하느냐, 일치하지 않느냐를 합리적으로 판단해야 한다. 이러한 도덕적 습관을 들이면 자연적으로 사회적 규범에 맞는 행동이 내면화되어 도덕지수가 높아진다.

그래서 이번 장에서는 도덕성을 비롯하여 여러 가지 불변의 가치를 잘 지키면서 더 나은 사회를 만들어 간 인물이나 기업의 사례를 살펴보고자 한다.

이상을 현실로, 포털 사이트 네이버

——————— 네이버는 포털 서비스의 대표라는 자리를 굳건히 지키고 있다. 그렇게 될 수 있었던 것은 사람들이 바라는 이상이 무엇이든 거기에 가까워지려는 노력이 있었기 때문일 것이다.

"머리를 해야 하는데 강남에 미용실이 어디에 있나요?"

"강릉에 가 볼 만한 맛집 있나요?"

"속초를 가려면 어느 길이 빠를까요?"

"목에 가시가 걸렸어요, 어떻게 해야 하나요?"

이렇게 삶 속에서 사소한 문제에서 큰 문제에 이르기까지, 수 많은 문제에 대한 궁금증을 안고 살아가고 있다. 인터넷이 보 급되기 전에, 이런 문제가 생기면 우리는 아는 사람에게 묻거 나 전화로 도움을 청하거나 또는 모른 채 여기저기 헤매며 시행 착오를 겪기도 했다.

물론 지금도 이렇게 문제를 해결하기도 하지만, 이제는 제일 먼저 인터넷에 접속해서 궁금증을 해결하려고 한다. 그렇다면 어떻게 이런 일이 가능해진 것일까? 인터넷이 하나의 소통 수 단이 되었기 때문이다. 인터넷은 이제 하나의 열린 공간이 되 어, 좁게는 다른 지방에서 넓게는 세계의 여러 나라 사람들까 지 서로 소통할 수 있게 되었다.

그런데 우리는 인터넷을 이용할 때 개인 홈페이지보다는 여 러 가지 정보를 한꺼번에 접할 수 있는 포털 사이트에 들어가는 경우가 대부분이다. 그러다 보니 사람들이 주로 이용하는 포털 사이트들이 발전하게 되었다. '다음', '네이버', '네이트' 등이 바 로 그렇다. 그런데 이 포털 사이트들이 대표적으로 내세우는 서비스는 서로 다르다.

다음은 메일, 네이버는 지식 iN, 네이트는 메신저가 바로 대

불변의 가치가 탄생시킨 성공

81

표적으로 내세우는 서비스다. 요즘엔 꼭 이렇게 대표적인 서비스만 중점적으로 제공한다기보다는 거의 유사한 서비스를 제공하는 방향으로 나아가는 추세이지만, 그래도 여전히 대표적인 서비스가 많은 부분을 차지하고 있다. 특히 '네이버 지식 iN'은 다른 포털 사이트들의 검색 시스템이 생겨났음에도 여전히 지식 검색서비스의 대표로 꼽히고 있다.

그런데 네이버는 작은 벤처기업으로 시작해서 어떻게 검색서비스의 대명사가 될 수 있었던 것일까? 네이버는 1999년 인터넷 포털 비즈니스를 시작하면서 출발했는데, 고객만족도 1위를 할 정도로 사람들에게 인기를 끌었었다. 그렇지만 현재처럼 검색에 있어서 대표적인 포털 사이트가 될 수 있었던 데는 '지식 iN'의 영향이 지배적이다.

처음에는 '지식 iN'이 아니라 '넥서치'라는 이름으로 출발했다. 차세대 검색 서비스인 만큼 차세대란 뜻의 'Next'와 검색이란 뜻의 'Search'를 결합하여 그렇게 명명한 것이었다. 이름은 달랐지만 이전의 검색과는 확연히 다른 혁신적인 서비스임에는 틀림이 없었다.

그 이전에는 그저 인터넷상의 자료를 검색만 한다고 생각했던 데 반해서, '넥서치'는 자신이 올린 질문에 대해서 다른 사람이 답해 줄 수 있도록 한 것이다. 그리고 그것이 검색을 통해 노출될 수 있도록 함으로써, 수많은 Q&A들 중에 적절한 답을 찾기만 하면 되는 형식으로 진화된 것이다.

그러나 여기에는 문제가 하나 있었는데, 질문과 맞지 않는 답을 올리는 사람도 있고, 대답이 아니라 단순한 광고 메시지만 올려놓는 사람도 있었던 것이다. 만약 검색을 통해 이렇게 필요치 않은 정보들만 보인다면 해당 포털 사이트에 대한 신뢰가 급격히 떨어질 것이 분명하다. 그래서 네이버 '넥서치'는 검색한 키워드에 가장 적합한 정보를 제공해 주는 '에이전트형 검색 시스템'과 질문한 것에 거의 근접한 질문을 다시 검색하는 사람에게 물어서 가장 정확한 정보를 찾을 수 있는 '첨단 Q&A 검색 엔진'을 채택했다.

또한 네이버는 여기에서 그치지 않고 블로그, 뉴스, 기타 웹페이지 등을 총망라하여 다양한 루트를 통해 검색할 수 있도록 했다. 이로써 훌륭한 정보를 더 많이 확보할 수 있게 된 것이다. 그러나 네이버는 지금도 계속 진화하고 있다. 연령별·성별로 분류하여 주로 궁금해하는 항목을 봄으로써 기호를 파악할 수 있게 해 주며, 잘못된 키워드를 입력한 경우에는 "○○으로 검색하시겠습니까?" 하고 물어 정확한 키워드를 입력할 수 있도록 도와주기도 하고, 연관 검색어를 함께 보이게 하여 다양한 자료를 찾을 수 있도록 돕고 있다.

네이버가 만약 검색 기능으로 고객들의 신뢰를 얻은 뒤에 계속 똑같은 서비스를 제공했더라면 아마 지금쯤 다른 포털 사이트가 그 자리를 빼앗았을 것이다. 그러나 아직도 네이버는 '포털 서비스의 대표'라는 자리를 굳건히 지키고 있다. 그렇게 될 수 있었던 것은 아마도 사람들이 바라는 이상이 무엇이든 간에 거기에 가까워지기 위해 부단히 노력했기 때문일 것이다.

시련이 탄생시킨 아름다움, 명품 브랜드 샤넬

──────── 길거리를 걸어 다니다가 여성들이 하고 다니는 가방들을 보다가 꼭 한번 보게 되는 것이 '샤넬 백'이다. 명품은 달리 명품이 아님을 말해 주듯, '샤넬 백'이나 '샤넬 옷'을 보면 그 주인이 일부러 뽐내려고 하지 않아도 자연스럽게 눈길이 간다. 아마 그것이 매력이란 것이 아닐까? 억지로 마음먹지 않아도 자신도 모르게 끌리고 마는 것이 바로 '샤넬'의 매력이다.

그러나 '샤넬'을 창업한 코코 샤넬이라는 여인의 삶은 자신이 만든 브랜드처럼 항상 빛나진 못했다. 샤넬은 1883년 8월 17일 행상을 하는 아버지와 병약한 어머니 사이에서 태어났다. 그러나 어머니가 병으로 세상을 떠나면서 아버지는 샤넬을 고아원에 맡겼고, 아버지는 그 뒤 그녀를 거의 찾아오지 않았다.

그녀는 이렇게 고아이긴 했지만 나름대로의 꿈을 가졌다. 바로 자신만의 특별한 옷이나 소품을 만들어서 남들에게 선보이고 싶었던 것이다. 그러나 현실적인 여건이 받쳐 주지 않아서 성인이 된 뒤에는 보조양재사와 카바레 가수를 겸업할 수밖에 없었다.

그러나 샤넬을 이러한 현실에서도 자신의 꿈을 멈추지 않았다. 계속 열망을 가진 채 살아가던 그녀는 지인의 도움으로 1909년 마침내 처음으로 마르제르브 대로 160번지에 모자점을 열게 되었다. 사람들은 그녀가 만든 모자를 좋아했고, 이후 1910년도에 연인인 케이플의 도움으로 캉봉거리 21번지에 '샤넬 모드'를, 1913년에 노르망디 도블에 패션 부띠끄를 열면서 점점 사업 영역을 넓혀 갔다.

그러나 그녀의 사업이 점점 성장해 가던 즈음, 연인이었던 케이플이 교통사고로 죽고 만다. 케이플은 그녀가 처음 사랑한 사람이었고, 캉봉 거리에 차린 모자점 또한 케이플의 도움으로 열 수 있었기에 샤넬에게는 무척 특별한 존재였다. 이런 케이플이 죽고 나자 샤넬은 큰 충격을 받았지만, 샤넬은 패션에 대한 자신의 이상을 현실에서 실현하면서 시련을 극복해 낼 수 있었다.

패션에 대한 열정은 변함이 없어 혁신적인 스타일을 계속 연구하고 사업을 계속 발전시켜 나가던 그녀에게 또 하나의 시련이 닥쳐왔다. 직원들이 열악한 노동 조건 때문에 파업을 벌인 것이다. 그리고 세계 2차 대전까지 발발하면서 더 이상 사업을 이어 나가기가 어렵게 되었다. 결국 그녀는 잠정적으로 은퇴하여 무려 15년 동안 패션계를 떠났다.

하지만 1954년 샤넬이 70세를 넘겼을 때 아무도 예상치 못하게 다시 복귀했다. 그녀는 여전히 녹슬지 않은 감각으로 화관을 본뜬 화려한 드레스인 '뉴룩'을 선보였는데 기존의 옷과는 완전히 다르게 활동하기 편리하면서도 세련되어 많은 이들의 환호를 받았다.

샤넬에 대해 사람들은 흔히 "남성에게 지배당하던 여성의 몸과 마음을 해방시켰다."라고 얘기했다. 그 이유는 그 전에는 여성들은 코르셋으로 허리를 조이는 스타일이 대세였던 것에 반해 샤넬은 다소 남성스러워 보이는 편안한 스타일로 바꾸고, 무릎 아래까지 내려와서 활동이 불편했던 치마를 무릎까지 올림으로써 여성이 더 자유롭게 활동할 수 있도록 했기 때문이었다. 또한 그녀는 이렇게 편안한 스타일임에도 고급스러움과 여성성이 충분히 돋보이도록 만들었다.

칠순이 넘어서도 항상 완벽한 스타일을 선보인 그녀는 "패션은 복장에만 있는 그 무엇이 아니다. 패션은 하늘에도 거리에도 있으며, 우리가 살아가는 방식 그 자체이자 늘 새롭게 일어나는 그 무엇이다."라고 했을 정도로 늘 패션에 대한 열정을 잃지 않았다.

그녀는 살아가면서 진심으로 사랑했던 남자를 둘이나 잃었다. 그래서 사람들은 그런 그녀를 향해 '기가 센 여자'라며 수군

거리기도 했다. 그녀의 삶 안에서도 그녀를 바라보는 시선에서
도 불행했던 날들이 더 많았던 셈이다. 하지만 그녀는 패션에
대한 자신의 이상을 현실에서 실현하면서 그런 시련을 극복해
낼 수 있었다.

그런데 그녀가 이렇게 자신의 이상을 현실로 실현시킨 것이
결과적으로 많은 사람들이 꿈꾸는 이상을 현실로 실현시키는
역할을 해 주기도 했다. 많은 여성들이 활동하기에 편하면서도
세련된 것을 꿈꿔 왔기 때문이었다. 코코 샤넬 한 사람이 자신
의 이상을 현실로 만든 것이 뜻하지 않게 많은 사람들의 이상을
실현시킨 셈이다.

우리가 꿈꾸던 일이 현실에서 실현된 다른 것들 역시도 처음
에는 한 사람의 이상이었을 것이다. 그런데 그것을 그냥 가지
고 있는 것만이 아니라 실현시켰기에 현실에서 이루어질 수 있
었던 것이다.

가상공간에서 이루는 꿈,
세컨드라이프

————— 세컨드라이프(Second life)를 꿈꾸는 이들은 많
다. 두 번째 인생이라고 해석해서 은퇴 후의 삶을 생각할 수도

있다. 혹은 지금의 삶에서 벗어난 다른 생활이라 여길 수도 있다. 물론 그런 삶을 사는 사람들도 있다. 주말에만 거주할 수 있는 공간을 도시 근교에 마련하는 사람들이 있지 않은가. 그들은 도시의 삶과는 완전히 동떨어진 생활을 잠시라도 실현하기 위해 교외에 컨테이너나 조립식 주택을 짓는다. 혹은 주말 농장을 사서 자연을 느끼거나 농촌 생활을 조금이나마 경험하고자 한다.

그런데 여기 새로운 인생을 살게 하는 기업이 있다. 바로 온라인 3차원 가상현실의 삶을 실현시켜 주는 곳이다. 지금은 전 세계 온라인게임 사용자들에게 유명하지만 처음 세상에 소개됐을 때만 해도 'www.secondlife.com'은 너무나도 엉뚱한 공간이었다. 세컨드라이프는 2003년 6월 세상에 처음으로 공개됐는데, 4년 뒤에는 무려 천만 명에 육박하는 사람들이 가입하는 놀라운 성과를 달성했다.

세컨드라이프를 개발한 필립 로즈데일(Philip Rosedale)은 1990년대 말 컴퓨터 환경이 진화하여 3차원 영상이 실현될 것이라 예상했다. 그리고 3차원 영상이 컴퓨터에서 가능하다면 상상하는 모든 것이 가상의 현실 속에서도 실현 가능하리라 판단했다. 그의 상상력은 현실적인 것이었고, 적중했다.

세컨드라이프 속에서 사용자들은 현실에서 하지 못하던 모든 것을 할 수 있다. 아바타를 통해서 친구를 사귀기도 하고, 돈을 벌 수도 있다. 또 그 돈으로 여흥을 즐기는 것은 물론 집도 사고 세계여행도 한다. 누구나 꿈꾸는 삶을 아바타를 통해 경험하는 것이다. 사람들을 열광시키기에 충분했다. 현실에서는 감히 하지 못하던 행동을 아바타가 대신해 주니 자신의 숨겨진 욕망을 서슴없이 실현할 수 있는 것이다.

운동을 못하는 사람도 세컨드라이프에서는 다르다. 소심하고 겁이 많은 사람은 용감하며 쾌활한 사람으로 바뀐다. 미혼자는 결혼을 하거나 이성 친구를 사귈 수도 있다. 그뿐만 아니라 세컨드라이프에서 사고파는 활동을 통해 실제 부자가 된 경우도 있다. 가상공간의 경제 활동이 현실에 영향을 미치게 된 것이다. 이런 상황을 예의주시한 미국의 대학들이 세컨드라이프 내에 캠퍼스를 세웠을 정도이다. 대학만이 아니라 기업들도 사이버지점을 개설해 영업 활동을 한다. 가상과 현실의 경계가 무너지고 있는 셈이다.

이 정도가 되면 어디까지가 현실이고, 어디부터가 가상세계인지 구분하지 못하는 시대가 곧 올 것이다. 경계가 허물어지면서 나타나는 부작용도 있다. 가상과 현실을 구분하지 못해 범죄 행위가 벌어지기도 하는 것이다. 보수적 시각에서는 우려할 만한 일들이지만 그 또한 개선이 가능할 것이다.

인간이 위대한 것은 상상을 실현시킨다는 점 때문이다. 이상과 현실을 이야기하면서 누구든지 그 괴리를 실감하고, 그래서 이상은 이상일 뿐이라고 말하곤 한다. 하지만 시대가 변하고 기술력이 진보하면서 많은 부분에서 우리가 상상한 세계가 현실로 다가오고 있다. 단지 가상의 공간에서만 이뤄지던 꿈이 언젠가 우리 눈앞에서 펼쳐질 수도 있다는 말이다.

아무리 실현가능성이 낮은 꿈일지라도 "그건 불가능해."라고 단언하지는 말아야 할 것이다. 그것은 실현가능성이 낮을 뿐 언젠가는 실현할 수 있음이 많은 사례를 통해 증명되고 있기 때문이다. 무인자동차, 터치식 핸드폰, 물 위를 떠다니는 자동차와 같은 것은 예전엔 영화에서나 나오던 것들이었다. 하지만 사람들은 수많은 시도를 거듭한 결과 결국 그것을 현실로 이루어 내었다. 결국 아무리 불가능한 일들도 눈앞에 실현되는 것은 시간문제인 것이다.

그러나 필립 로즈데일이 처음으로 세컨드라이프를 개발하면서 꿈과 현실을 접목했듯이 그런 변화를 이끄는 것은 결국 사람이다. 우리가 만들어 내지 않으면 지금의 변화도 존재하지 않는 것이다. 그러니 누구든지 '꿈과 현실을 접목시키는 것은 가능하다.'고 생각하고 자신이 상상만 하던 일들을 구현하려고 노력한다면 우리들 모두 필립 로즈데일이 될 수 있다.

어떤 이들은 이렇게 우리가 실제로 만나는 것이 아니라 전자 매체를 통해서 생활하고 소통하는 것을 우려하는 이들도 있다. 그런 이들은 아마도 전자 매체로 인해 생기는 인간소외나 소통

부재의 문제를 제기하고, 그런 문제가 생기면 현실적으로 개선이 불가능하다고 생각한다. 하지만 꼭 꿈과 현실을 접목하는 것만이 가능한 것이 아니라 우리가 이상적으로 개선해 나가길 바라는 일 또한 가능하다고 생각하고 시간이 걸리더라도 꾸준히 노력을 기울인다면 얼마든지 고쳐 나갈 수 있을 것이다.

인류가 다른 동물들과 달리 환경을 극복하고 더 나은 삶을 살 수 있었던 것은 아마도 불가능이라고 여겼던 일들에 끊임없이 도전했기 때문일 것이다. 이런 도전은 반드시 실패의 위험을 안고 있기 마련이다. 그러나 인류는 그런 실패를 감수하고서라도 계속 이상을 실현하기 위한 노력을 멈추지 않았으며, 또한 실패를 통해 성공을 위한 노하우를 배워 나가면서 결국에 이상을 현실로 실현할 수 있었다.

우리는 늘 새로운 시대에 맞춰서 변화해야 한다고 하지만 그런 변화가 어디에 기초하느냐에 따라 결과는 확연히 달라질 수 있다는 점을 명심해야 한다. 종종 '어떻게 저렇게 변할 수가 있지?', '변해도 너무 변했군.' 하는 얘기가 들리는 이유는 변화의 기초가 당장의 이익에 기초하고 있는 경우가 많기 때문이다.

우리가 변해야 한다면 '믿음', '인간존중', '신뢰'와 같은 것들은 영원히 변치 말아야 할 가치에 기초하고 있어야 한다. 그런데 근래 들어서 '돈이면 믿음이든 친구든 다 생기니까, 지금은 모른 척해도 된다.', '금전 약속만 제대로 지키면 신뢰가 유지되는 것 아닌가?, 어떻게 하든 금전 관계만 제대로 하면 된다.'는 식으로 물질적인 것에 기초를 두는 경향이 많다. 이렇게 생각할 경우에 사람이 돈보다 앞서게 되는 경우가 많아 타인에게 상처만 주다가 관계가 파탄 나고 만다.

우리는 변화와 혁신을 통해 이룩한 것들이 어떻게 하면 오래도록 지속 가능할지에 대해서 생각해야 한다. 오래도록 주위 사람과 좋은 관계를 유지하면서 믿음과 신뢰를 바탕으로 꿈을 이뤄 나가는 것이 모든 이들의 바람일 것이다. 그렇기 때문에 우리가 원하는 변화를 이루어 내기 위해서는 항상 불변하는 가치가 무엇인지 생각하고 거기에 기초를 두고 변화하려 노력해야 한다.

변화를 통한 성장,
GE 전 CEO 잭 웰치

──────── 주저할 필요도 없을 정도로 세계적 경영인으로 손꼽히는 인물이 있는데 바로 전 제너럴 일렉트릭(General Electric) 사의 전 회장 잭 웰치(Jack Welch)다. 그에게는 여러 별칭이 붙어 있다. '전설적인 경영자'에서부터 '중성자탄 잭', '경영의 달인' 등 기업경영에 관한 한 그를 설명한 표현은 다양하다.

그만큼 그가 세계 기업 경영에 끼친 영향은 대단하다.

1935년 미국 매사추세츠주 살렘시에서 태어난 잭 웰치는 1960년 일리노이대학교에서 화공학 박사 학위를 취득한 뒤 그해 제너럴 일렉트릭 사에 엔지니어로 입사했다. 그리고 1972년 부사장을 거쳐 1979년에는 부회장 자리에까지 올랐다. 2년 뒤인 1981년에는 제너럴 일렉트릭 역사상 최연소 회장 겸 최고 경영자가 되는 초고속 승진 가도를 달렸다.

짧은 시간에 최고 경영자가 된 것도 그렇지만 정작 그를 유명하게 만든 것은 1981년 GE의 CEO로 취임하면서부터였다. 잭 웰치는 사람들이 전혀 경험하지 못한 방식으로 GE를 이끌었다. 기존의 전문서적이나 경영이론에 없던 경영 방식이었다. 지금은 누구에게나 익숙한 '구조조정'이라는 개념을 도입한 것이다.

GE의 CEO가 된 잭 웰치의 경영 전략은 '고쳐라, 매각하라, 아니면 폐쇄하라'였다. 이 슬로건이 어떻게 보이는가? 무시무시한 느낌으로 다가오지 않는가? 그리고 무엇을 원하는지 대충이나마 짐작할 수 있을 것이다. 당시 GE는 세계 기업 가운데서도 상당히 복잡한 조직을 갖추고 40만여 명의 직원을 거느린 기업이었다. 바로 그 점이 잭 웰치에게는 풀어야 할 숙제로 여겨졌다. 조직의 혁신이 필요하다고 판단했던 것이다.

잭 웰치는 거대 기업 GE의 체질을 바꾸기 위해 아무도 겪어보지 못한 대수술을 감행한다. 그의 과감한 경영 전략은 10만명 이상의 직원 해고라는 파장을 불러일으켰다. 저항이 만만치 않았지만 그는 그것이 정의라 믿고 끝까지 밀고 나갔다. 그 뒤 잭 웰치에게 언론은 '중성자탄 잭(Neutron Jack)'이라는 별명을 붙였다. 직원만 정리한 게 아니었다. 300여 개가 넘는 사업 부문을 10여 개 핵심 사업만 남기고 정리했다. '세계 1위나 2위가 될 수 없다면 철수한다'는 원칙을 세우고 실행에 옮긴 것이다. 당장의 수익이 적다거나 부실해서가 아니었다. 잭 웰치의 눈에 10년 뒤 경쟁력이 약화될 사업은 당연히 처분 대상이 되었다.

잭 웰치는 계속해서 '6시그마', 'e비즈니스', '세계화' 등 지식 경영 전략으로 GE의 체질을 다듬었고, 결국 세계 최고의 기업으로 만들었다. 그뿐 아니었다. 변화하는 세계 흐름을 기업경영에 반영해 '역 멘토링(Reverse Mento-ring)'이라는 제도를 도입했다. 이는 신입사원이 기존의 사원에게 직무교육을 받는 것에서 탈피해 디지털 문화에 익숙한 새로운 직원들이 기성세대인 직원들을 교육하는 역발상 구조였다. 이로 인해 구세대적인 사원들이 변화하는 디지털 문화에 적응하도록 했고, 세대 간의 간극를 좁히는 역할도 해냈다.

잭 웰치가 이렇게 냉정한 판단으로 변화를 불러온 것에 대해, 혹자들은 자신이 직원의 입장이 아니었기 때문에 그렇게까지 할 수 있었던 것이 아니냐고 얘기할 수도 있다. 그러나 잭 웰치는 앞서서 직원들을 자기 마음대로 관리하고 싶어 하는 스타일

77세 변화와 혁신

은 결코 아니었다. 잭 웰치 자신도 평범한 회사원으로 입사했고, CEO가 되겠다는 목표를 정한 후 비행기 안에서 잠을 자면서 공장을 방문하고, 틈만 나면 신문과 잡지를 보면서 자기 자신을 갈고 닦는 것을 게을리하지 않았다. 그런 각고의 노력 끝에 CEO에 올랐기에 누구보다도 회사에 애착을 가지고 있었고, 그렇기에 회사가 진정으로 성장할 수 있을 방향으로 구조조정을 시행한 것이다.

잭 웰치가 단순히 기업의 이익만을 좇아 무리한 경영 방식을 시도했더라면 GE의 현재는 없었을 것이다. 그는 다른 어떤 가치보다도 '성장'에 초점을 맞추었으며, 그가 시도한 변화들도 그런 성장에 이르기 위한 하나의 길이었다고 볼 수 있다. 이러한 잭 웰치의 의도는 그가 CEO로 있는 동안 GE가 이룬 성과들을 살펴보면 잘 알 수 있다.

그가 CEO로 취임한 후 GE의 매출은 20년 동안 385%나 성장했으며, 2001년 9월 CEO의 자리에서 물러났을 때 GE의 자산 가치는 무려 4,500억 달러에 달했다. 만일 그가 가져온 변화가 단순히 CEO로 취임한 뒤에 자신의 역량을 시험해 보기 위함이었다든지, 아니면 오로지 당장의 돈을 벌기 위함이었다면 이런 성과를 얻어 낼 수 없었을 것이다.

그런데 이렇게 잭 웰치처럼 변화를 통해 성장을 이루려고 하는 이들 중 많은 수가 되레 역효과를 내거나 효과가 미진한 경우가 많다. 그런 경우에 보통 자신의 의도는 탓하지 않은 채 직원들이 의도를 잘못 파악한 탓이라고 하는 경우도 많다. 그러나 잭 웰치의 경우를 떠올리며, 그것이 정말로 자신이 속한 회사를 위한 판단이었는지 다시 한 번 생각해 보아야 한다.

잭 웰치의 판단이 결과적으로 GE의 성장을 이끌었지만, 그의 의도가 '기업의 진정한 성장'이라는 가치에서 조금이라도 멀어졌더라면 GE는 비난만 받다가 사라졌을 것이다. 이는 개인이나 기업도 참고해야 할 부분이다. 많은 이들의 비난을 사는 결단은, 잘못되었을 때 돌이킬 수 없는 경우가 많다. 따라서 그것이 정말로 순수한 의도에서 비롯되었고, 좋은 결과를 가져올 수 있다고 확신할 수 있을 때에만 시행해야 할 것이다. 결국 모든 변화의 이유는 불변의 가치에 도달하기 위함이어야 한다.

고객을 위한 원칙주의자, 백화점 왕 존 워너메이커

———— 19세기 말 미국의 한 옷가게에 소년이 들어섰다. 그의 손에는 손수건 한 장이 들려 있었다. 어머니에게 줄 선물로 산 손수건이었다.

"이거 어제 산 건데, 다른 걸로 좀 바꿀 수 있어요?"

소년은 점원에게 손수건을 내보이며 물었다. 하지만 점원은 소년을 한번 훑어보고는 냉담한 어조로 말했다.

"이미 산 물건을 다른 걸로 바꿔 달라고? 그건 안 되겠는데."

소년은 실망스러웠지만 하는 수 없이 마음에 안 드는 손수건을 어머니에게 드릴 수밖에 없었다.

'말도 안 돼. 만약 내가 나중에 장사를 하게 되면 누구든 원하면 다른 물건으로 바꿔 줄 거야.'

그날 점원의 불친절과 교환이 안 된다는 이해할 수 없는 방침에 화가 난 소년은 그런 결심을 했다. 그리고 그 결심은 결국 소년이 어른이 되었을 때 가게를 운영하면서 중요한 원칙으로 자리 잡았다. 이 소년이 후일 '백화점 왕'이라 불린 존 워너메이커(John Wanamaker)이다.

워너메이커는 열세 살 때부터 옷가게 점원으로 일했다. 그리고 돈을 모아 몇 년 뒤 자신의 점포를 열었다. 그는 어린 시절의 경험을 잊지 않고 원칙을 정했다. '고객은 왕'이라는 원칙이 그것이었다. 당시로서는 보기 드문 마케팅 전략이었던 셈이다. 그뿐 아니라 정가 판매, 품질 표시, 현금 거래, 반품과 교환 허용이라는 자신만의 룰을 정하여 점포 운영에 충실하게 적용했다. 이러한 그의 사업 방침은 완전히 새로운 것이었고, 소비자들에게 신선한 충격을 주는 것은 물론 업계에서도 새로운 바람을 일으키기에 충분했다.

그의 열정적인 노력은 거기에 그치지 않았다. 사업이 궤도에 오르자 다시 새로운 마케팅을 시도했던 것이다. 바로 광고였다. 그 누구도 매체를 이용한 상업적 광고는 생각지도 못하던 시절이었다. 신문광고와 포스트는 물론, 옥외광고를 생각해 내 애드벌룬을 이용했고, 대형 광고판을 제작해 사람들의 왕래가 잦은 기차역이나 도심에 세워 사람들의 이목을 끌었다. 효과는 대단했다. 듣도 보도 못한 그의 시도는 사람들에게 차라리 충격이었던 것이다. 사업이 더욱 번창한 것은 당연했다.

하지만 사람들이 그를 가장 신뢰했던 이유는 자신의 원칙을 철저하게 지킨 것 때문이었다. 19세기에 비즈니스 원칙을 세우고, 마케팅의 기초를 닦았다는 사실 자체만으로 그는 대단한 인물이었던 것이다. 1896년 미국 뉴욕에 세워진 '존 워너메이커 백화점'에 대통령이 직접 개점 행사에 참석한 것만 보아도 그의 영향력을 알 수 있다. 그것이 모두 고객과의 거리를 좁히려 애쓴 그의 열정이 일군 성과였다.

그런데 만약 어린 소년이 손수건을 바꿔 주지 않는 것에 대해 체념하고, '그런가 보다.' 하고 무심히 넘겼다면 그가 현재 '백화점 왕'이라 불릴 수 있었을까? 그는 불편을 그저 불편으로만 끝내지 않고 그것을 어떻게 하면 더 개선할 수 있을까를 고민했다. 또한 그는 단순히 돈을 벌기 위해서가 아니라 '고객 만족'이라는 불변의 가치를 먼저 생각했다.

77세 변화와 혁신

사실 돈을 벌기 위해서라면 고객에게 최소한의 홍보만 하고 판매 효과를 기대하는 것이 나을지도 모른다. 또한 정가 판매, 품질 표시, 현금 거래, 반품과 교환 허용이라는 룰을 만들지 않고, 어떻게든 손해를 적게 보면서 비싸게 물건을 파는 것이 더 이익일지도 모른다. 하지만 그는 고객 만족을 먼저 생각했다.

그러나 '고객 만족', 더 나아가 타인의 의도를 파악하고자 노력하는 것은 우리가 아주 커서야 알게 되는 것이 아니다. 아주 어릴 적부터 인사를 잘해야 한다거나 다른 사람을 상냥하게 대해야 하며 도움을 받으면 꼭 고맙다고 해야 한다는 이야기를 우리는 수없이 들어 왔다. 그러나 이것이 어른들이 물건을 사고파는 '백화점'에서도 마찬가지인 것은, 사람이 살아가면서 평생토록 변하지 않는 불변의 가치이기 때문일 것이다.

세상은 하루가 멀다 하고 변해 가지만, 그 변화의 이유는 '불변의 가치'에서 비롯되어야 할 것이다. 그래야 모두에게 유익한 변화를 추구할 수 있기 때문이다.

약속으로 일군 성과,
시멕스 CEO 로렌조 잠브라노

——————— 고객과 한 작은 약속을 지켜 글로벌 기업으로

성장한 멕시코의 회사가 있다. 약속을 잊지 않고 실천한 인물
은 시멘트 제조업체 '시멕스'의 CEO 로렌조 잠브라노(Lorenzo
Zambrano)이다.

시멕스는 1906년 창립되었고, 잠브라노는 어린 시절부터 공
장에서 일하며 자연스럽게 사업에 대해 배울 수 있었다. 그리
고 미국 스탠포드대학에서 경영학 석사과정을 마치고 1985년
시멕스의 사장이 되었다. 그런데 잠브라노가 사장으로 취임하
던 당시 시멕스에게는 각각의 자주권을 가진 6개의 공장이 있
었다. 그래서 제품을 생산해서 고객에게 전달되기까지 일일이
공장별로 의견을 조율해야 하는 불편한 시스템으로 운영되었
다. 당연히 일의 처리 속도가 늦고, 불협화음이 발생할 수밖에
없었다.

문제는 거기에 그치지 않았다. 주문량이 변경될 경우 공장별
로 조율이 제대로 이뤄지지 않아 납품 일자를 정확하게 지킬 수
도 없었다. 이 때문에 제품을 주문한 고객들은 시간과 비용의
손실을 감수해야 했다. 그런데 이런 일이 오랜 시간 지속되다
보니 고객이나 경영진 누구도 그런 불합리한 요소에 대해 지각
하지 못했다. 지극히 당연한 일로 판단했던 것이다.

하지만 이를 지켜보던 잠브라노의 생각은 달랐다. 고객과의
약속을 계속해서 지키지 못한다는 것이 불합리하게 여겨졌던
것이다. 그는 계속 그런 상태를 유지했다가는 회사의 미래가

어둡다는 걸 알았다. 무엇보다 약속을 지키지 못하는 것을 용납할 수 없었다. 잠브라노는 아주 기본적인 것에서 출발했다. 그동안 효율적이지 못했던 납품 관련 시스템을 손보기로 한 것이다. 이는 고객의 사정으로 벌어질 수 있는 주문량 변동에 따른 문제였다.

우선 그는 페덱스(FedEX)에서 운영하고 있는 911의 긴급출동 시스템을 벤치마킹했다. 이 시스템은 예측이 힘든 수요를 효율적으로 관리한다는 측면에서 성공적이란 평가를 받고 있었다. 예를 들어 제품의 이동 경로를 추적하고, 갑작스런 변동 상황이 벌어졌을 때 경로를 재지정할 수 있었다. 또한 휴스턴시에서 시행하는 911의 경우 지극히 제한적인 정보로도 응급차량을 신속하고 정확하게 컨트롤할 수 있었기에 활용도가 높았다.

잠브라노는 모든 경영진은 물론 새로 영입한 CIO(최고기술경영자) 제랄시오 이니구에스와 함께 시멕스의 모든 공장들을 하나로 연결하는 인공위성 통신시스템인 '시멕스넷'을 개발했다. 그렇게 함으로써 각각의 공장들이 수요와 공급에 대한 정보를 쉽게 공유할 수 있게 되었다.

그뿐만 아니라 GPS 기술을 도입하여 GPS 수신기를 장착한 배달차량과 중앙 통제소를 직접 연결하는 DSO라는 시스템을 구축했다. 이러한 시스템 덕분에 운영센터에서는 각 차량의 위치와 속도 등을 모니터링할 수 있어 지정된 공장이 아닌 배달차량의 현 위치에서 가장 가까운 공장에 물품을 적재할 수 있게 되었다. 무엇보다 교통 상황에서부터 재고량, 고객 위치를 한눈에 알 수 있어 납품 기한을 거의 정확하게 지킬 수 있었다.

이러한 혁신적인 시스템을 통해 고객 사정으로 인한 갑작스런 주문 변동에도 유연하게 대처할 수 있게 되었고, 고객과의 약속 시간을 98% 정도의 수준으로 지키는 놀라운 성과를 이뤄냈다. 고객들의 신뢰도가 높아진 건 당연했다. 이 모든 게 신용만이 시멕스가 살 길이라 믿었던 잠브라노의 결단 덕분이었다. 그리고 1994년 멕시코에 IMF 외환위기가 닥쳤을 때도 시멕스는 거뜬하게 시련을 극복하였고 현재는 글로벌 기업으로 인정받고 있다.

이렇듯 작은 약속이라도 실천하려는 노력은 커다란 결실을 맺기 마련이다. 그렇다고 좋은 결과를 얻기 위한 목적으로서만 약속을 지키란 말은 아니다. 어떤 목적을 바라기 전에 언행일치는 그 자체로 추구해야 할 목적이기 때문이다. 물론 잠브라노가 좋은 결과를 위해 고객과의 약속을 지킨 것은 사실이지만 그렇게만 생각한다면 본말이 전도된 판단이다. 고객과의 약속 이행은 기업에게는 너무도 당연한 가치란 의미이다.

고객과의 약속을 지키기 위해서 완전히 새로운 시스템을 기업의 재정에 부담스러울 정도의 비용을 들여 도입하는 것은 분명히 어리석은 일이다. 하지만 잠브라노의 경우에서도 볼 수 있듯이 기업에서 큰 부담이 가지 않는 선에서 새로운 시스템을 도입할 수도 있으며, 다른 사례들을 벤치마킹해서 저비용 고효율의 시스템을 만들 수도 있다.

우리는 흔히 '신뢰'나 '약속'이라는 불변의 가치는 쉽게 도달하기 어렵다고 생각하는 경우도 많지만, 일단 그런 가치에 다다르려고 노력하기로 마음만 먹는다면 새로운 아이디어가 수없이 떠올라 스스로도 놀랄 것이다. 아이디어가 떠오른 다음에는 여건이 허락하는 범위 내에서 실행하기만 하면 되는 것이다.

한국인의 마음을 사로잡은
유통업체 코스트코

——————— 코스트코(Costco)는 회원제 창고형 할인매장이다. 이렇게 회원제라는 것과 창고형이라는 두 가지 부담스러운 조건을 안고 있는 만큼 어떻게 경영할 것인가 하는 과제가 다른 기업들보다도 더 중요할 수밖에 없다.

코스트코는 처음부터 일반 소비자를 상대로 창고형 유통 매체는 아니었다. 처음에는 미국 샌디에이고 모레나 대로에 개조한 비행기 격납고에서 '프라이스클럽'이라는 이름으로 1976년 사업을 시작했다. 처음에는 소규모의 회사들이 고객이었으며, 이후 일반 대중들에게도 서비스를 확대하면서 대형 창고형 매장으로 성장했다.

현재 코스트코 코리아는 서울의 양재점, 양평점, 상봉점과 지방의 일산점, 부산점, 대전점, 대구점 등 7개 점만을 운영하고 있다. 운영방식은 최상의 제품만을 현금 직매입하여 전 세계 400여 개 매장에 7~8%의 마진 선으로 공급하고 있다. 그리고 창고형의 디스플레이로 점원 수를 최소한으로 줄이고, 철저히 저가를 지향하면서 고품질을 유지하고 있다.

그러나 이렇게 저렴하면서도 질이 높은 제품을 구매할 수 있는 코스트코의 회원이 되기 위해서는 우선 연회비 35,000원을 내야 한다. 그러나 회원 가입을 했다고 해도 다가 아니라 회원 가입 후 1년간만 회원 자격이 유지되며, 물건도 현금이나 특정 카드사의 한 개만 사용 가능하다. 또 이뿐만 아니라 일반회원과 비즈니스회원 간 차등을 두었으며, 물건을 사도 다른 곳에서는 무료로 주는 쇼핑 비닐도 제공하지 않는다. 심지어 코스트코 특유의 장바구니를 판매하고 이를 들고 재구매를 위해 방문할 수 있도록 유도한다.

매우 폐쇄적이고 배타적이며 강력한 경영 방식을 구사하는데도 코스트코의 인기는 식을 줄을 모른다. 대부분의 고객들은 세계적으로 인정받은 최고의 제품을 합리적인 가격에 구매한다는 장점 때문인지 크게 문제 삼지 않는다. 또한 부담스러우면서도 폐쇄적인 정책을 고집하는 이유도 제품 가격을 낮추기 위함이다 보니 고객들이 그런 점을 감안하고 이용하게 되는 것이다.

그러나 다른 유통사들의 반발도 있었다. 코스트코가 카드 수수료율에 차등을 두는 것에 문제를 제기한 것이다. 그러나 이 것은 꼭 부당하다고만 볼 수 없는 것이, 매장에서 1개 카드사의 카드만 사용할 수 있다 보니, 당연히 카드사는 자유롭게 여러 카드를 써도 상관없는 다른 매장보다 더 높은 수익을 올릴 수 있고, 그 때문에 수수료율을 낮추어도 카드사에 더 이익이 되는 것이다.

그러나 코스트코의 입장에서는 회원들이 카드를 자유롭게 선택할 수 없게 되고, 이런 점 때문에 이용을 꺼리는 고객들도 있기 때문에 일정 부분에서 손해를 본다고 할 수 있다. 이 때문에 카드 수수료를 낮추는 것이 코스트코가 자신들의 이익만을 위해서 카드사를 제한하는 것이라는 부정적인 목소리만 높이는 것도 무리가 있다.

그러나 코스트코가 다른 카드사에 반발을 불러오고 자신들도 일부 손해인 이런 경영 방식을 계속 유지하고 있는 것은 그렇게 하는 것이 저가격을 유지하면서도 신선하고 질 높은 제품을 소비자들에게 제공할 수 있는 길이기 때문이다.

그런데 한때 코스트코 말고도 까르푸나 월마트 같은 해외의 다른 유통업체도 저가격을 지향하면서 우리나라에 들어온 적이 있었다. 그러나 결과적으로 그 업체들은 국내에서 실패했다. 그 이유는 무엇일까? 그것은 가장 기본적인 것은 무시한 채 오로지 저가격에만 치중했기 때문이었다. 그러다 보니 신선한 제품보다는 가공제품에 치중했으며, 현지인들의 입맛보다는 외국인들의 입맛에 가까운 식재료들을 배치했다. 이렇게 하면서도 방식은 코스트코처럼 창고형 배치와 다소 친절하지 않게 느껴지는 서비스를 제공하다 보니 결국 한국인들의 마음을 사로잡는 데 실패한 것이다.

코스트코의 배타적인 경영 방식은 결국 점점 서비스가 많아지고 고비용으로 가면서 소비자들에게 부담을 주는 식으로 변해 가는 데 대응하기 위해서 등장한 것이다. 코스트코는 그런 점을 항상 경계하고 꾸준히 소비자를 위한 경영을 해 왔기에 다소 폐쇄적인 경영 방식임에도 많은 사랑을 받는 것이다.

기업은 기본적으로 소비자들의 기호에 따라서 늘 변화해 나가야 한다. 하지만 기존의 방식을 계속 고수해야 하는 경우에는 그것이 반드시 변하는 가치에 도전해서 더 중요한 불변의 가치를 지키는 일 때문이어야 할 것이다. 그러나 이런 불변의 가치 때문이 아니라 다른 이유 때문이라면 곧 소비자들의 외면당할 수밖에 없을 것이다.

윤리 경영의 표본,
네슬레와 존슨&존슨

─────── 최근 전 세계적으로 기업 윤리에 대한 관심이
부쩍 커졌다. OECD 회원국인 우리나라에서도 윤리 경영이
라는 세계적인 흐름에 부응하여 정부나 기업에서 국제 상거래
뇌물방지법 및 부패방지법 제정, 기업 경영의 투명성 확보 등
과 같은 형태로 기업윤리 확립을 위해 힘쓰고 있다. 이러한 노
력의 결과 윤리 경영의 중요성에 대한 인식이 점점 강화되고
있다.

지난해 산업자원부가 조사한 결과에 따르면, 국내 50대 기업
중 87퍼센트가 윤리 경영의 필요성을 인정하고 있다고 한다.
특히 올해는 연초부터 은행을 비롯한 금융권과 대기업의 최고
경영자들이 신년사와 각 언론사의 인터뷰를 통해 윤리 경영을
올해의 최우선 과제로 추진하겠다고 밝힌 바 있다. 하지만 윤
리 경영을 실천하는 일은 생각만큼 쉽지 않다. 윤리 경영이 기
업에서 제대로 실현되기 위해서는 경영자의 올바른 이해와 구
체적인 노력이 뒤따라야 한다.

전국경제인연합회가 2001년과 2002년 두 차례에 걸쳐 '기업
윤리와 기업성과 간의 관계'를 조사한 바에 따르면, 두 번의 조
사 모두 윤리 경영을 실천하는 기업들이 그렇지 못한 기업들보

다 주가 상승률과 매출액 영업 이익률이 크게 앞서는 것으로 나타났다고 한다. 또한 2002년 전체 종합 주가지수는 9.5퍼센트 하락했으나, 전담 부서를 설치해 윤리경영을 실천하고 있는 기업들의 평균 주가는 10.2퍼센트나 상승하였다. 매출액 영업 이익률 역시 윤리경영 실천 기업은 1998~2001년 평균 10.3퍼센트를 기록함으로써 그렇지 못한 기업의 7.3퍼센트 보다 높게 나타났다.

우리나라보다 먼저 윤리 경영에 공을 들여온 미국에서도 윤리적인 기업은 종업원, 고객, 지역 사회, 주주들로부터 존경과 신뢰를 얻게 되는데 이것은 기업의 눈에 보이지 않는 자산이 된다. 세계 1위의 식품업체 네스레(Nestle)는 윤리와 투명성이 소비자의 신뢰를 얻는 가장 좋은 방법이라는 것을 일찌감치 깨달은 기업이다.

세계 최초로 분유를 개발·판매하기 시작한 네슬레는 1960년대 개발도상국 시장에서 위생 관념 부족으로 아이들이 병에 걸리는 문제가 생기자 대규모 마케팅 축소 정책을 실시하고 의료기관을 통해서만 분유를 공급하기로 결정했다. 이러한 결정은 식품회사 네슬레의 투명한 이미지를 소비자들에게 각인시키고 이후 강력한 브랜드 파워를 구축할 수 있는 계기가 되었다.

존슨&존슨은 1999년, 2000년 연속으로 월스트리트 저널이 선정하는 '미국의 존경받는 기업 1위'에 꼽힌 기업으로서 윤리 경영으로 성공을 거둔 대표적인 사례로 꼽힌다. 존슨&존슨에서는 지난 1982년 미국 시카고에서 주력 제품인 타이레놀을 복용한 사람 7명의 사망한 사건이 발생했다. 이 회사는 발 빠르게 '고객에 대한 책임'을 명시한 '우리의 신조'에 따라 행동했다.

존슨&존슨은 시카고 지역 제품만 수거하는 미국식품의약국(FDA) 권고를 뛰어넘어 전국에서 1억 달러에 해당하는 약 3,000만 병의 타이레놀을 전량 회수했다. 또 "사건 원인이 규명되기 전에는 타이레놀 제품을 절대 복용하지 말라."고 소비자들에게 대대적으로 홍보했다. 당시 타이레놀이 회사의 연간 매출액의 7퍼센트(3억5,000만 달러), 이익의 17퍼센트를 차지하는 주력 상품이었던 점을 감안할 때 이러한 조치는 상당한 불이익을 감수한 결정하였다. 사건 직후 35퍼센트였던 시장점유율은 7퍼센트까지 떨어졌으나 3년 만에 제자리를 회복했다. 소비자들이 존슨&존슨의 윤리적 태도를 신뢰하는 쪽으로 기운 것이다.

결국 윤리 경영에 실패하는 기업들은 도태되거나 사람들의 외면을 받을 수밖에 없다. 그래서 요즘의 모든 기업들은 기업의 윤리 경영을 위하여 노력하고 있다. 기업의 윤리 경영은 최고 경영자들만의 책임으로 돌리기 어렵다. 따라서 기업을 이끄는 CEO들의 도덕성에 대하여도 관심이 점차 증가하고 있다. 당신은 윤리 경영에 필요한 사람인가?

기본을 잊어
지우마 호세프

——————— 그렇다면 이번에는 오히려 변하지 말아야 할 부분까지 변해 버려 성공 가도를 달리다 추락하게 된 사례를 살펴보고자 한다. 중대한 윤리 문제를 일으킨 브라질 역사상 최초의 여성 대통령으로 선출되었다 탄핵된 지우마 호세프의 사례이다.

대부분 성공한 사람들은 전문성과 실력을 인정받아 리더가 되었지만, 그들이 모두 조직을 성공으로 이끈 것은 아니다. 한 치 앞을 내다볼 수 없는 시장 속의 기업을 험난한 바다 위의 배에 비유한다면, 명석한 리더는 어떤 시련에도 굴하지 않고 정해진 목적지를 향해서 항해를 계속해 나가는 노련한 조타수에 해당한다. 어려운 환경하에서 모든 기업들이 어려움에 직면할지라도 주어진 목표를 향하여 어떻게 나아가야 될지를 제시해 줄 수 있는 리더만 있다면 어떤 어려움도 극복할 수 있다고 기대하기 때문이다.

그러나 능력 있는 리더들도 실패하는 경우가 많다. 그 이유에는 여러 가지가 있지만 그중에서 가장 중요한 이슈로 등장한 것은 윤리의식이다. 리더들의 윤리성이 결여된 비이성적 행동이나 판단으로 인해 한 기업이나 조직은 물론이고 나라를 망하게 하는 경우를 어렵지 않게 찾을 수 있기 때문이다.

브라질의 여성 대통령인 지우마 호세프는 민주화 운동에 참여하여 오랫동안 수감 생활을 거쳐 룰라정부에서 에너지장관, 정무장관을 지냈으며, 2010년 10월 브라질 역사상 최초의 여성 대통령으로 선출되었다. 과감한 정책 추진력으로 인해 '브라질의 대처,' '철의 여인'이라 불리며 브라질 국민들의 희망이 되었다. 그러나 재정 적자를 숨기기 위해 회계장부를 조작했다는 의혹 및 석유공사 비리 문제에 연루되어 2016년 8월 탄핵되었다.

이렇듯 눈앞의 이익에 급급하여, 윤리 문제를 무시한 사건들이 성공한 리더들에게서 일어나고 있다. 리더 혹은 기업인으로 갖추어야 할 윤리 의식이 결여될 경우, 한 조직이나 기업을 존폐의 위기로 몰고 갈 수 있음을 알 수 있다. 이 때문에 리더로서 오랫동안 성공하기 위해서는 윤리의식이 절대적으로 필요하며, 이는 불변의 가치이다.

제4장

함께 / 성장하는 / 원동력

바람직한 기업은

명확한 존재 이유와 함께 변하지 않는 핵심적 가치를 가지고 있다.

기업이 지속적으로 성장하기 위해서는 구성원들의 열정이 필요하고,

이 열정을 이끌어 내기 위해서는

직원들의 마음속에 살아 있는 비전을 제시해 주어야 한다.

살아 있는 비전이 되기 위해서는

반드시 모든 구성원이 공감할 수 있는 것이어야 한다.

구성원들의 도움이 없는 비전은 이루어질 수 없는 꿈에 불과한 것이다.

때로 비전은 사회가 집단이나 사람들에게 부여한 직위를 뛰어넘게도 만든다.

1갤런의 쓴 국물보다
한 방울의 벌꿀

——————— 남을 칭찬해도 자신을 칭찬하는 사람은 많지 않을 것이다. 나는 저녁에 들어가면 나를 보고 칭찬을 시작한다. "이경자, 오늘도 열심히 움직이느라 수고 많았어. 강의하느라 입도 수고했고, 운전하느라 발도 애썼다. 모두 고맙다." 하면서 발을 마사지해 주고 어깨도 두드려 주며 칭찬한다. 스스로 자존감이 있어야 좀 더 잘해야겠다고 힘을 낼 수 있다.

사람을 성장시키는 데는 아낌없는 칭찬이 무엇보다 중요하다. 자녀들은 부모가 기대하는 만큼 성장한다는 말도 있다. 나는 단 한 번도 첫째 앞에서 둘째 흉을 보지 않았고 둘째 앞에서는 다른 애들의 흉을 보지 않았다. 그래서인지 서로의 허물을 형제라도 잘 알지 못한다.

칭찬은 다 같이 있을 때 했어도 야단을 칠 때는 아무도 모르게 혼자 불러 말했다. 야단을 친 기억도 거의 없지만 항상 잘했다고 칭찬하고 격려한 것은 무엇보다 애들의 잠재력을 키우고 계발시키는 데는 도움이 되었던 것 같다. 칭찬을 받게 되면 스스로에 대한 자존감이나 책임감을 느끼게 되고 더 잘하려고 한다. 77세의 나이에도 누군가 칭찬하면 기분이 무척 좋아진다.

칭찬을 잘하기 위해서는 상대에 대한 주의 깊은 관찰이 필요하다. 어느 초등학교는 졸업식 때 전교생에게 한 가지 분야에서 최고를 선정해 상을 준다는 기사를 읽은 적이 있는데, 참으로 바람직한 일이다. 잘하는 점을 찾아 인정하고 칭찬해 주기만 해도 아이는 발전한다.

늘 말썽만 일삼거나 특별히 두드러지지 않는 아이도 반드시 무엇이든 한 분야에서는 잘하는 것이 있다. "우리 아이는 아무리 살펴봐도 하나도 내세울 것이 없어." 아이 기 죽이기로 작정한 부모라면 이런 말을 내뱉을 것이다. 이런 부모는 틀림없이 진정으로 자녀를 관찰하지 않았거나, 눈에 보이는 세속적인 잣대로만 재단했을 것이다.

탁월한 상상력으로 기상천외한 영화를 만들어 오늘날 공상과학 영화의 거장이 된 스티븐 스필버그가 영화감독이 되기까지는 가족의 뒷받침이 있었다고 한다. 스필버그가 어느 날 괴기 영화를 만들기 위해 부엌 천장에서 무언가 흉측한 것이 흘러나오는 장면을 촬영하려 했다. 그러자 스필버그의 어머니는 아들을 위해 버찌 30통을 사서 압력솥에 넣고 푹 삶는데, 그만 압력솥이 폭발하는 바람에 부엌은 온통 난장판이 되어 버렸다. 이후 부엌에서 버찌 냄새를 없애는 데 무려 일 년이 넘게 걸렸다고 한다.

만일 스필버그의 어머니가 아들을 도와주는 대신에 "말썽 좀 그만 피우고 제발 나가 놀아라."고 했다면 오늘날 그 유명한 스필버그의 영화를 감상할 수 있었겠는가? 칭찬할 때는 아낌없이 해야 한다. 좀 과장되게 표현하는 것도 나쁘지 않다. 그래야 칭찬받은 사람의 감동도 높아진다.

그런데 칭찬하다가도 꼭 뒤에 냉소적인 토를 다는 부모들이 있다. "성적이 올랐네. 잘했어!" 여기서 그쳤으면 좋았으련만, "그런데 이번 시험은 쉬웠다면서." 잘나가다가 찬물 한 바가지 끼얹는다. 이미 칭찬으로서의 효용은 반감하고 만다. 부모 욕심에 여전히 미흡하다는 생각이 들겠지만 칭찬 뒤에 부정적인 말을 덧붙이는 것은 칭찬을 안 하느니만 못하다.

칭찬은 자기가 하는 일에 자신감을 갖게 하고 좀 더 신나게 일할 동기를 부여해야 한다. 또한 칭찬할 때는 공개적으로 하는 것이 좋다. 단둘이 있을 때 조용히 칭찬하는 것보다 친지나 손님들이 방문했을 때 넌지시 칭찬해 주면 아이들은 쑥스러워하면서도 더 잘하려고 노력한다. 칭찬이 너무 지나쳐 자만심을 불러올 정도가 아니라면 가급적 많은 사람 앞에서 공개적으로나 공식적으로 칭찬하는 것이 좋다.

사람은 누구나 칭찬받으면 좋아한다. 자의식이 강한 사람일수록 칭찬에 더욱 약하다. 비록 아첨하는 느낌이 들더라도 칭찬은 하면 할수록 효과가 크다. 아이들을 보면 확실히 그렇다. 심지어 어른인 나조차도 그러하다. 사람이라면 칭찬에 약하게 마련이다. 다소 과장되거나 아첨이라고 여기면서도 좋아한다. "1갤런의 쓴 국물보다 한 방울의 벌꿀을 사용하는 것이 더 많은 파리를 잡을 수 있다." 링컨의 명언이다. 장점을 키우기 위해서는 칭찬과 격려가 제일이다. 일을 잘하게 하는 데도 칭찬에 버금가는 격려가 필요하다. 지속적인 칭찬은 불가능해 보이는 일을 가능하게 만들기도 한다.

참으로 믿기 어려운 사실이지만 우리나라는 5분에 한 명씩 자살을 시도하고 45분에 한 명꼴로 목숨을 잃는다고 한다. 자살로 인한 사망자도 해마다 1만여 명이나 된다. 이러한 수치는 가히 우려할 만한 것으로, 자살이 많기로 유명한 스웨덴이나 노르웨이 등 북유럽 국가의 자살 사망률은 우리의 절반 수준이라고 한다. 전문가들은 이처럼 자살이 급증하는 이유를 우울증 등 내적 요인과 인간소외와 경제 불황 등 외적 요인으로 본다.

이러한 아노미 상태를 극복할 수 있는 대안은 바로 가족 간의 끈끈한 사랑이다. 요즘보다 더 힘들고 어려운 시절이 있었지만 그때는 온 가족이 단칸방에서 생활하면서도 서로 살을 비비며 느낄 수 있었던 가족 간의 희생과 사랑이 있었다. 우리나라 사람들은 가족끼리 애정 표현에 익숙하지 않다. 서로에 대한 존경심과 감사의 마음을 충분히 표현하는 것이 좋다. 칭찬을 아끼지 않고 서로 감사의 말을 나눌 때 가족 간의 정도 더욱 돈독해진다. 다른 사람들에게 하는 절반만 가족들에게 표현해도 행복한 가정을 이룰 수 있을 것이다.

오늘 해야 할 일 중 가장 중요한 것은 바로 사랑하는 가족에게 감사하는 것이다. 얼마나 가족을 자랑스러워하고 사랑하는지, 함께 있어 얼마나 즐거운지 표현해 보자. 칭찬은 없고 꾸중과 비난만 일삼는 부모야말로 자녀의 장래를 망치려고 정화수 떠 놓고 비는 것과 마찬가지다. 혹 실패하더라도 격려해 주고, 조그만 성공에도 인정해 주는 것이 중요하다.

칭찬을 아끼지 않으면 아이들의 자긍심은 절로 살아난다. 지금 당장 자녀에게 이 말을 건네 보라. "너는 우리 가족의 자랑거리야!"

'나와 너'가 아닌
'우리'라는 공동체 의식

─────── 오늘날의 산업 환경에서는 단순히 똑똑한 인재보다는 위기나 스트레스를 잘 관리하고 타인과 좋은 관계를 맺을 수 있는 사람을 더 선호한다. 구성원들이 각자 아무리 뛰어난 지적 능력과 전문성을 갖추었다 해도 목표를 이루기 위해서

는 전 구성원들이 잘 융화되어 최선을 다해야 큰 효과를 기대할 수 있다.

실제로 국내 기업의 인사 담당자들을 대상으로 신입 사원의 실무 능력 평가에 대해 조사한 결과, 53%가 조직 융화력을 가장 중요한 요건으로 꼽았고, 그다음은 전공 지식(22%), 적성(16%), 프레젠테이션 능력(5%), 외국어 능력(2%) 순으로 나타났다. 상사와 동료는 물론 고객에 이르기까지 폭넓은 인간관계를 다져야 하는 직장 생활에서 가장 중요한 것은 역시 원만한 인간관계이다.

다양한 성격과 습관을 가진 사람들이 만나 서로 교류하며 인간관계를 맺고 조직을 형성한다. 그중 직장은 8시간 넘게 동료들과 부대끼며 살아가는 곳으로, 서로의 이해관계에 따라 적절한 조화를 이루어 간다. 그런데 사표를 던지는 사람들의 상당수는 업무로 인한 스트레스 때문이 아니라 인간관계로 인한 것이 더 많다. 이렇듯 상사나 부하 직원, 거래처나 고객과의 관계 등 다양한 인간관계로 인한 스트레스는 의욕 상실을 가져온다.

반면에 즐거운 직장, 신나는 일터에서는 생산성도 높아지고 동료애와 애사심도 생긴다. 당연한 논리겠지만 회사가 즐거워야 경쟁력도 높아진다. 기업이 지속적으로 성장하기 위해서는 조직 구성원의 열정이 필요하다. 이를 위해서는 직원들에 대한 존중과 함께 서로 간의 신뢰로 가득한 기업 문화를 형성해야 한다. 회사 구성원들 간의 좋은 관계를 유지할 수 있게 하는 핵심 원동력은 바로 직원들에 대한 존중과 신뢰이다. 모든 직원을 인간적으로 대우하고 신뢰하는 조직 분위기가 뒷받침될 때 모름지기 직장은 즐거운 일터가 된다.

즐거운 일터를 만들기 위해서는 사원에서부터 경영진에 이르기까지 인간관계 개선 및 커뮤니케이션을 활성화해야 한다. 부서 간의 벽을 허물고 계층 간의 벽을 깨야 한다. 개인과 집단 간의 원만한 의사소통으로 화합 분위기를 조성해야 한다. 구성원 모두가 공동체 정신을 가지고 끈끈한 동료애로 하나가 되어 공동의 목표를 향해 매진할 때 기업은 성공할 수 있다. 강한 팀워크로 일체감이 조성될 때 시너지 효과가 발휘되기 때문이다.

또한 자신이 수행하는 업무와 자신이 몸담고 있는 회사에 대한 자부심을 갖게 하는 풍토가 중요하다. 자부심이야말로 일하는 재미와 열정, 그리고 회사에 대한 강한 소속감을 고취시켜주기 때문이다. 협력 업체 역시 마찬가지이다. 협력 업체를 주종 관계 혹은 불평등 관계로 인식하는 기업은 결코 성공할 수 없다. 서로 신뢰감을 바탕으로 하나의 조직이라는 공동체 의식을 가질 때 비로소 상생의 협력 관계가 이루어질 수 있다.

그리고 회사의 구성원들에게 소속감을 갖게 하려면 무엇보다도 회사의 모든 정보를 직원들과 공유하도록 애써야 한다. 좋은 소식이든 나쁜 소식이든 직원들은 진실을 알아야 한다. 무슨 일인지도 모르고 그저 시키는 대로 하라는 식으로는 직원들에게 소속감이 생길 리 없다. 이는 결국 기업의 투명성으로 이어진다. 직원 인사에서부터 회사의 사활이 걸린 큰 프로젝트에 이르기까지 모든 것을 투명하게 할 때 직원들은 회사를 사랑하는 마음을 갖게 된다. 마치 한 가족 간에 비밀이 없는 것과 같은 이치이다.

구성원 개개인도 회사가 잘되어야 나도 잘된다는 의지를 가져야 한다. 내가 발전적인 모습을 보일 때 회사도 발전할 수 있다는 생각은 설득으로 되는 것이 아니라, 스스로 소속감을 가지고 바로 내가 주인이라고 생각할 때 비로소 가능한 것이다. 직원들에게 소속감을 갖기 위해서는 '나와 너'가 아닌 '우리'라는 공동체 의식을 심어 주어야 한다.

살아 있는 비전

───────── 사람은 미래를 기약할 수 없을 때 역동적으로 살아갈 수 없다. 지속되는 경제 침체에다 사교육비의 과잉 지출로 가계 부담은 날로 늘어만 가고, 부정부패가 만연한 정치 현실을 보면서 많은 사람들은 이민을 떠올린다. 기회가 닿으면

언제라도 훌훌 떠나 버리겠다는 젊은 세대도 적지 않다. 이러한 현상은 급기야 홈쇼핑에 이민 상품이라는 유래 없는 신상품의 출현을 가져오기도 했다.

자신이 몸담은 사회에 비전이 없다고 생각하는 순간 매사가 심드렁해지고 불만을 갖기 마련이다. 그런가 하면 반대의 경우도 있다. 지난 IMF로 위기에 몰린 기업 중에는 스스로 월급을 반납하고 힘을 모아 위기를 극복한 중소기업들도 적지 않다. 비록 지금 당장은 어렵지만 기업에 대한 신뢰와 비전으로 구성원들을 결집시킬 수 있었기 때문에 가능했다. 전 세계를 깜짝 놀라게 했던 우리나라의 범국민적 '금모으기 운동' 역시 같은 맥락이다. 대한민국 국민으로서 자부심을 갖고 더 나은 미래를 만들어 갈 수 있다는 확신이 세계사에서 유래를 찾아볼 수 없는 일을 이끌어 낸 것이다.

사람들은 더 나은 미래를 꿈꾸며 현실의 고단함을 이겨 낸다. 미래에 대한 비전이 보이지 않는 삶, 도무지 희망이라고는 없는 삶만큼 고단하고 지난한 삶도 없다. 직장을 마지못해 다닌다는 사람들은 언제든지 호시탐탐 빠져나갈 기회만 엿볼 것이다. 그런 상황에서 효율적인 업무 처리나 애사심을 기대할 수 없는 것은 당연한 이치이다. 미래에 대한 비전은 방향 감각을 주는 동시에 직원들의 동기를 유발하고 에너지를 분출하는 힘이 된다.

바람직한 기업은 명확한 존재 이유와 함께 변하지 않는 핵심적 가치를 가지고 있다. 기업이 지속적으로 성장하기 위해서는 구성원들의 열정이 필요하고, 이 열정을 이끌어 내기 위해서는 직원들의 마음속에 살아 있는 비전을 제시해 주어야 한다. 살아 있는 비전이 되기 위해서는 반드시 모든 구성원이 공감할 수 있는 것이어야 한다. 개인의 미래와 연결되지 못하는 비전은 죽은 것이다.

기업의 비전으로부터 공감과 흥분을 얻을 수 있을 때 개인의 비전 역시 고양된다. 그렇지 않으면 사람들은 저마다 다른 미래를 꿈꾸게 되고 통합된 힘이 나올 수 없다. 구성원들의 도움이 없는 비전은 이루어질 수 없는 꿈에 불과한 것이다. 때로 비전은 사회가 집단이나 사람들에게 부여한 직위를 뛰어넘게도 만든다. 비전을 제시해 준다면 앞으로 나아갈 수 있다.

어려운 시기일수록 비전은 필요하다. 비전은 기업의 강력한 경쟁력의 원천이 되기도 한다. 당장 눈앞에 닥친 어려움도 비전이 있다면 헤쳐 나갈 수 있다. 조직 내에서 비전을 공유함으로써 자신을 일개 사원이 아니라 가치 있는 제품과 서비스를 제공할 수 있는 최고 팀의 일원으로 인식하게 되기 때문이다. 경영자가 올바른 가치관과 기업 마인드를 가지고 있다면 외적인 위기는 구성원들이 합심하여 충분히 극복해 낼 수 있다. 이러한 비전은 경영자의 개인적 가치관에서 비롯된다. 개인의 가치가 구성원들의 공통적 가치가 되기 위해서는 보편성을 지녀야한다. 그 가치관에 공감한다면 구성원들은 헌신적으로 일할 것이다.

바람직한 경영자는 기업 속에 자신의 인생을 담아 놓을 수 있어야 한다. 경영의 목적은 이익을 내는 것이다. 그러나 기업의 목적이 이윤만을 창출하는 것이어서는 곤란하다. 돈은 경영의 결과일 뿐이지 목적이 되어서는 안 된다. 비전은 일상생활에서 실천될 수 있을 때 비로소 그 의미를 가지게 된다.

그저 사무실 벽에 걸린 액자 안에서만 머무는 비전은 없는 것과 다를 바 없다. 따라서 경영자는 누가 보아도 보편타당하고 실현 가능성이 있는 비전을 제시해야 한다. 명확한 비전을 제시할 수 있을 때는 구구절절 설명하지 않아도 직원들을 설득할 수 있다는 사실을 명심해야 한다.

함께 성장하는 원동력, 소명의식

———— 직업을 말할 때 흔히 소명의식(召命義識)이라는 표현을 쓴다. 소명이란 '부름(calling)을 받았다'는 뜻이다. 따라서 직업에 대한 소명의식이란 자신의 일에 책임감을 가지고 최

선을 다한다는 의미이기도 하다. 비록 남들이 생각할 때는 하찮은 직업일지라도 스스로는 천직으로 생각하고 최선을 다하는 사람들은 소명의식을 가진 사람들이다.

구성원들에게 소명의식을 심어 주기 위해서는 모든 구성원이 보잘것없는 일을 하는 것이 아니라 자신도 한몫하고 있다는 인식을 심어 주어야 한다. 고용인이 아닌, 조직을 구성하는 소중한 인재로 여기고 이들의 역량을 개발하기 위해 지속적인 노력을 기울일 때 구성원들은 자신의 소임에 최선을 다하게 된다.

그러기 위해서는 구성원들이 각자의 위치에 따라 충분한 권한과 책임을 갖고 일할 수 있도록 배려해야 한다. 아무런 권한도 없이 일을 하게 되면 의욕도 상실되고 업무 수행도 형식적으로 흘러가게 된다. 따라서 직원들에게 내가 지금 하고 있는 일이 중요하다는 인식을 심어 주어야 한다. 모두가 열정을 가지고 일할 때 강력한 팀워크를 기대할 수 있다. 사원에게 성실함이 요구된다면 중간 관리자에게는 실무 처리에 관련된 지식과 능력이 필요하며, 임원에게는 시장과 고객의 흐름을 읽을 수 있는 능력과 대응책을 마련할 수 있는 지식이 있어야 한다.

그러나 이 같은 역할 분담을 무시하고 하나에서 열까지 모든 일을 리더 자신이 직접 처리하려 한다면 구성원들은 의욕을 상실할 수밖에 없다. 리더가 자신들을 믿지 못한다고 여기게 될 뿐만 아니라 그들 역시 리더를 신뢰하지 못하고 의욕적으로 일하려고도 않고 눈치만 보게 된다. 이런 리더에게는 설득이나 협상이 끼어들 여지가 없다. 한마디로 리더로서는 부적합하다.

바람직한 리더가 되려면 구성원들의 능력을 잘 파악하고 그에 따르는 업무를 맡겨야 한다. 그리고 일단 일을 맡겼으면 끝까지 믿고 책임을 부여해야 한다. 대체로 업무량이 많으면 스트레스가 늘어단다고 생각하지만 꼭 그런 것만은 아니다. 일이 많더라도 직무에 대한 자율성이 높고 충분한 재량권이 허용되면 스트레스는 줄어든다. 반면에 일은 많은데 일에 대한 재량권이 없다면 스트레스를 받게 된다. 비록 일이 힘들더라도 그 분야에서 전문가로 인정받는다면 즐겁게 일할 수 있다.

"자리가 사람을 만든다."는 말이 있듯이 직위나 중요한 일을 맡기면 그 직함에 걸맞은 언행을 하고 의욕도 충만해져 기업도 성장·발전하게 된다. 그리고 능력이 있더라도 의식적으로 "게으른 상사가 돼라."는 말이 있다. 능력을 갖추되 혼자서 모든 일을 처리하지 말고 부하 직원들에게 권한을 위임하라는 의미이다. 이를 통해 일을 효율적으로 처리하며 동시에 아랫사람의 능력도 키울 수 있다.

권한을 부여할 때는 그 사람 스스로 당면한 문제를 해결할 수 있다는 점을 전제로 해야 한다. 윗사람이나 나를 믿고 인정해 주면 마음속으로는 더 어려워하고 충성하게 된다. 특별한 보상을 기대해서가 아니라 나에 대한 믿음을 저버리지 않기 위해서 더 열심히 일한다. 따라서 일단 권한을 부여하면 철저히 믿고 힘을 실어 주어야 한다. 통제는 하되, 지나치게 엄격한 통제는 부하 직원을 구속하여 권한을 주지 않은 것이나 마찬가지다. 단, 권력이 남용되지 않도록 책임도 명확히 해 두어야 한다.

일을 통한 보람은 그 사람의 건강으로 직결된다고 한다. "내가 이 따위 일이나 하고 있을 사람으로 보이냐?" 이런 말을 즐기는 사람은 한마디로 소명의식이 없다. 또한 자신의 건강은 아예 내팽개쳐 버린 사람이다. 똑같은 일을 하기 위해 출근하면서도 일이나 직장을 원수처럼 생각하는 사람과 기쁜 마음으로 일을 즐기기 위해 회사에 나온다는 사람 중에 누가 성공하게 될지는 불 보듯 뻔하다.

신뢰의
출발점

──────── 주변에 보면 사람을 막 대해서 크게 낭패를 보는 경우가 있다. 사람마다 각기 개성이 있어서 자신이 중요하다고 생각하는 것을 침해받으면 화를 내거나 상처를 받게 된다. 우리가 사람을 대할 때 고객처럼 대하면 실패가 없다. 고객은 어떤 사람인가?

내가 처음으로 고객을 접한 것은 계란을 이고 장사를 했을 때이다. 계란을 사더라도 그 사람은 내 고객이다. 내가 얻은 중요한 교훈은 고객을 상대로 할 때 단순히 물질적인 거래도 중요하지만 그보다도 더 중요한 것은 인간관계를 중시해야 한다는 것이다. 신뢰가 굳건히 쌓여 있으면 그 좋은 관계는 상업적 이익으로 이어질 수도 있다. 실제로 성공한 세일즈맨들의 말에 의하면, 제품을 팔기보다는 고객이 필요로 하는 것을 살 수 있도록 도와주어야 한다고 강조한다.

한 사람에게서 신뢰감을 잃으면 자칫 주위의 모든 사람에게서도 신뢰를 잃기 쉽다. 소비자들은 작은 상품을 구입해도 믿음이 가지 않으면 구매하지 않으려 한다. 반면에 내 친인척이 같은 상품을 판매한다 하더라도 내가 아는 성실하고 믿음이 가는 사람에게 구매하기도 한다.

같은 글이라도 손으로 쓴 것보다는 활자화된 것이 더 믿음이 간다고 생각한다. 같은 인쇄물이라도 한 장의 전단지보다는 두꺼운 브로슈어를 더 신뢰한다. 최상의 광고는 자신감에서 나온다. 기업의 상품에 대해 확고한 자신감이 없다면 상대에게 당당하게 알릴 수 없다. 이러한 자신감은 물론 실력이 뒷받침될 때 생성된다.

사람들은 자신이 지불하는 돈에 대해 적절하다거나 그 이상의 이익을 얻는다는 믿음을 가질 때 비로소 지갑을 열게 된다.

신뢰는 고객을 끌어들이고 시장 대응력을 높여 준다. 신뢰의 출발점은 자신에 대한 믿음에 있다. 우선 자기 자신을 믿어야 무슨 일이든 할 수 있고, 다른 사람도 믿을 수 있다.

신뢰를 얻기 위해서는 신뢰받을 만한 행동을 해야 한다. 신뢰감을 주는 행동이란 시간 약속을 잘 지키고 일관성 있게 고객을 대하는 것을 의미한다. 고객과의 관계는 한 번의 판매로 끝나는 것이 아니라 이제 시작인 것이다.

사후 서비스 등에 철저할 때 고객의 신뢰는 절로 생겨난다. 특히 건설업의 경우 철저한 애프터서비스야말로 기업의 신뢰도에 절대적인 영향을 미친다. 아울러 고객의 불만을 접했을 때는 감정적인 대립이 생기기 전에 문제를 해결해야 한다. 사소한 문제로 발달된 고객의 불만을 방치한다거나 차일피일 미루다가는 호미로 막을 일을 가래로도 막지 못하는 지경에 이른다. 불만이 있는 고객도 직접 만나 얼굴을 대하고 신속하게 문제를 해결하려는 의지를 보인다면 화를 누그러뜨릴 것이다.

가장 귀한 고객,
직원 대하는 법

———————— 사회생활을 늦게까지 하다 보니 참으로 많은

사람을 만나게 된다. 저마다 다양한 욕구를 가진 고객은 물론
이요, 직원들도 그 성향이 다 제각각이다. 한 가지 기준으로 사
람을 판단할 수 있다면 좋겠지만 불행히도 현실은 그렇지 못하
다. 외향적인 사람이 있는가 하면 내성적인 사람이 있고, 능력
이 뛰어난 사람이 있는가 하면 뒤처지는 사람이 있다. 불만을
입에 달고 다니는 사람, 마음이 여린 사람, 회의 때마다 항상
튀려는 사람 등 참으로 각양각색이다.

이런 사람들을 잡음 없이 조화롭게 이끌어 간다는 것은 결코
쉬운 일이 아니다. 솔직히 고객의 입맛을 맞추기에도 급급한데
직원들까지 일일이 배려해야 하나? 그냥 적당히 밀어붙여 버릴
까? 유혹을 느낄 때도 있다. 그러나 직원들이야말로 가장 귀한
고객이라는 말이 있듯이, 애써 뽑은 인재들을 획일적인 잣대로
재단하여 저마다의 능력을 발휘하지 못하게 한다면 그만큼 큰
손실도 없다.

그렇다고 모든 직원들의 개성을 존중하다 보면 그야말로 배
가 산으로 갈지도 모를 일이다. 큰 원칙의 틀 안에서는 벗어나
지 않되, 각자 스타일에 맞는 일을 맡기는 일도 효율성의 측면
에서는 반드시 필요한 일이다. 기업의 이념 중 하나는 인재 양
성이다. 기업이 경쟁력을 갖기 위해서는 우수한 인재 확보는
말할 것도 없고 더 나아가 자기 회사에 적합한 인재를 양성할
수 있어야 한다. 인재를 육성하는 일은 하루아침에 이루어지는

것은 아니다.

나는 직원들의 능력을 최대한 인정해 주려 노력한다. 각자가 자율적으로 일하고 그에 합당한 보상을 받을 수 있게끔 최선을 다한다. 문제가 생기면 직원들 간에 서로 협의하고 양보하여 문제를 해결할 수 있도록 조정해 주고, 각자에게 알맞은 권한을 주어 누구나 맡은 일에 열정을 가질 수 있도록 배려하려고 노력한다.

직장인을 나눌 때 흔히 업무 지향적인 사람인지, 아니면 관계 지향적 사람인지를 파악해서 나눈다. 업무 지향적인 사람은 일을 최우선으로 여긴다. 이들은 일에 있어서만큼은 고집도 세고 자기주장도 강해 자칫 반항적으로 보일 수도 있지만 사명감이 강하고 남보다 강한 집중력과 책임감을 발휘한다. 반면에 관계 지향형은 대인 관계를 중시한다. 자기주장이나 개성을 내세우기보다는 다른 사람들과 조화를 이뤄 효율적으로 일하는 것을 좋아한다. 특히 대체로 성격이 원만하고 융통성이 있어서 클레임 처리 등을 능숙하게 한다.

매사에 자신감이 넘치는 부류의 사람들이 있다. 자신감이 열정적이라는 점에서는 긍정적이지만 자칫 다른 사람들과 팀워크를 이뤄야 할 때 이러한 자신감이 걸림돌이 되기도 한다. 반대로 자신감이 결여된 직원들도 있다. 이들은 자기 의견에 자신감이 없음에도 불구하고 타인의 의견을 받아들이는 데는 저항적인 면도 없지 않다. 이들은 비록 표현이 서툴고 비사교적이지만 매사에 꼼꼼하고 치밀하게 일을 처리하고 또 근면하다.

사람은 누구나 무한대의 초능력을 가지고 있다고 한다. 이러한 능력은 우연히 확대하거나 계발되는 것이 아니라 좀 더 분발하려는 욕구가 일어날 때만 가능하다. 따라서 이들에게는 해보겠다는 마음이 들도록 유도해야 한다. 그리고 직선적인 요구나 노골적인 부탁보다는 우회적인 방법이 적절하다.

기성세대와는 다른 가치관이나 취향을 가진 젊은 세대, 이른바 N세대(네트워크 세대)라 불리는 신세대 구성원들이 정보화 사회의 주역으로 부상하고 있다. 기업들은 세대교체라는 사회 변화의 흐름에 주목하고 그에 대응할 수 있는 새로운 경영 패러다임을 구축하기 위한 노력을 기울이고 있다. N세대에게는 직장이란 미래의 새로운 기회를 모색하기 위해 경력을 쌓는 학습 장소로 인식될 수도 있다. 따라서 과거와 같이 회사에 대한 충성도를 강조한다거나 금전적 보상의 유인책만으로는 동기 부여가 어렵다.

요즘 젊은이들은 대체로 공동체 의식이 부족해 보인다. '나'만 있고 '우리'는 찾아볼 수 없다. 과거와 같은 사려 깊고 따뜻한 인간관계보다는 개인적인 주장이 더욱 부각되고 있다. 일부 기업에서는 이러한 신입 사원들을 위해 단체 의식 배양이나 기업 예절을 가르치기 위해 적지 않은 경비를 지출하고 있는 실정이다. 어렸을 때부터 학교와 학원을 오가며 오로지 공부에만 매달리다 보니 사람들과 어울릴 기회가 없는 것도 사실이다. 그래서인지 업무에 익숙해지면 주어진 일에는 성과를 내지만 더 이상의 발전은 기대하기 어렵다. 그 이상은 개인의 능력 문제가 아니라 인간관계의 문제이기 때문이다.

그 과는 과정의 역량 이상
크지 않는다

──────── 기업의 가장 커다란 가치는 바로 인재다. 그러나 오늘날의 역동적인 시장에서는 우수한 인재가 많다고 해서 반드시 우수한 조직이 되는 것은 아니다. 직원들이 업무 협조를 통해 정보를 공유하고 서로의 아이디어를 활용하는 조직의 능력 역시 중요하다. 각자 개인이 지닌 능력을 최대한 발휘하여 시너지 효과를 일으켜야 조직의 경쟁력은 강화되는 것이다. 이를 위해서는 먼저 개개인의 역량을 결집시킬 수 있는 여건이 조성되어야 한다. 직원들이 가진 능력을 최대한 이끌어 내고, 조직 내에서 개개인의 능력이 십분 발휘하도록 지원을 아끼지 않아야 한다.

당연한 말이겠지만 기업 내에 신뢰도가 높은 기업일수록 생산성이 높다. 서로에 대한 믿음을 갖고 있는 조직은 의사소통도 원활하여 쓸데없는 다툼과 갈등에 에너지를 소비하는 일이 적다. 따라서 생산성이 높고 경쟁력을 유지할 수 있다. 따라서 신뢰를 얻을 수 있다면 그 어떤 핵심 역량이나 기술보다 막강한 자산이 될 것이다.

구성원들이 주인의식을 가지고 업무를 처리할 수 있도록 회사가 이를 지원해 주는 것도 필요하다. 일례로 스톡옵션(주식매입선택권)과 같이 회사의 주식을 구성원들에게 보유할 수 있도록 하는 방법이 있다. 하지만 이것만으로는 부족하다. 돈을 많이 준다면 직원들은 일단 열심히 일하지만 그런 상황은 반드시 한계가 오기 마련이다. 금전적 보상만이 동기를 부여하고 업무 성과를 높이는 가장 큰 수단으로 사용되던 시대는 이미 지났다. 물질적 보상은 구성원들의 가슴으로부터 우러나는 헌신을 이끌어 내기에는 부족하다.

따라서 금전적 보상 이상으로 의미 있고 명예로울 수 있는 다양한 방식을 적절히 활용해야 한다. 일본의 경영자들에게서 가장 존경받는다는 도쿠가와 이에야스는 다이묘를 관리할 때 꽃과 열매를 동시에 주지 않는다. 즉 권력을 가진 자에게는 급여를 적게 주고, 급여가 많은 자에게는 권력을 주지 않아야 한다는 의미이다. 이는 금전적 보상은 과하면 오히려 부족한 것만 못하다는 사실을 깨우쳐 주고 있다.

구성원들에게 금전적 보상 이상으로 중요한 것이 동기 부여이다. 최상의 동기 부여는 긍정적인 인정과 감사의 표시이다. 회사가 진정으로 구성원들을 존중하고 있다는 느낌을 줄 때 구성원들은 최선을 다하게 된다. 각 기업에서는 다각적으로 직원들의 사기를 진작시킬 수 있는 방법을 모색한다.

생일이나 결혼기념일 등을 챙겨 준다거나 대소사에 적극적으로 관심을 표한다. 구성원들에게 다양한 학습 기회를 제공하여 경쟁력을 높이도록 유도해야 한다. 무엇보다도 일을 통한 학습이 이루어지도록 하는 것이 중요하다. 도전적이고 새로운 지식을 배울 수 있는 일을 하면 재미도 있고 스스로 성장하는 것을 느낄 수 있어 동기 부여도 하게 된다.

'이태백'이니 '삼팔선'이니 하며 청년 실업이 사회문제화 되고 있지만, 또 다른 한편으로는 필요한 인재를 확보하기 위해 안간힘을 쓰고 있다. 크게는 작업장 환경을 최상의 조건으로 갖추기도 하고, 작게는 입사 시험을 통과한 합격자들에게 축하 케이크와 꽃다발을 보내는가 하면, 또 기업의 CEO가 직접 동영상 축하 메시지를 보내는 등 다양한 이벤트를 마련하기도 한다. 심지어 신입 사원 환영식에서 가족을 초청하는 곳도 있다.

이는 '슈퍼 루키(super rookie)' 후유증 때문일 것이다. 대다수 청년들이 취업난을 겪고 있는 가운데 일단 붙고 보자는 심정으로 취직은 했지만 지나치게 단순한 업무에 실망한 나머지 이직률이 높다는 것이다. 평소에는 아무 불만이 없어 보이던 신입 사원들이 어느 날 갑자기 적성에 맞지 않는다며 사표를 던지면 회사 측으로서는 참으로 난감한 노릇이 아닐 수 없다.

그리고 조직의 모든 업무 진행 상황을 투명하게 공개하는 것도 필요하다. 우리 기업에 필요한 것이 바로 투명성이다. IMF 이후 외국의 투자자나 신용평가 기관 등에서 가장 많이 지적받는 것이 바로 이 부분이기도 하다. 한국 기업은 투명도가 낮아 외국 투자가들이 마음 놓고 투자하고 싶은 생각이 든다고 한다. 어떤 일이 얼마나 진전되었는지 직원 모두가 알아야 한다. 그래야 적극적으로 동참하고 싶은 마음도 생겨난다.

비록 좋지 않은 뉴스라도 비밀이 없어야 한다. 정보를 공유해야 문제점이 해결되기 때문이다. 만일 잘못되고 감추려던 일이 소문으로 퍼지게 되면 사태를 더 악화시킬 뿐이다. 일반적으로 좋은 정보는 전달되고 나쁜 정보는 걸러진다. 잘나가던 기업이 하루아침에 문을 닫는 경우가 있다. 마치 갑작스러운 것 같지만 사실은 그렇지 않다. 그 내부를 들여다보면 이미 오래전부터 실패의 조짐을 감지할 수 있었음에도 무시해 버린 결과임을 알 수 있다. 방귀가 잦으면 똥 싸는 줄 뻔히 알면서도 말이다.

인재 정책 역시 투명하고 원리 원칙에 의해 인재를 발탁해야 한다. 이는 곧 기업의 구성원들에게 의욕을 불러일으키고, 구성원 스스로 자신의 발전은 물론 기업의 발전을 위해 전력을 쏟게 만드는 중요한 요인이 된다. 또한 자신들이 공정한 대우를 받고 있다는 느낌을 가질 때 효율성이 높아진다. 부당하다거나 차별 대우를 받는다고 느끼게 되면 구성원들의 열정을 기대할 수 없다.

근무 시간이 길다고 생산성이 높아지지는 않는다. 부당하다거나 차별 대우를 받는다고 느끼게 되면 구성원들의 열정을 기대할 수 없다. 근무 시간이 길다고 생산성이 높아지지는 않았다. 그보다는 구성원 한 사람 한 사람이 프로 정신을 가지고 자신의 일을 적극적으로 해나갈 때 생산성은 높아진다.

사업을 했던 사람으로서 내가 추구했던 직장은 출근도 즐겁고 일도 재미있는 곳이다. 진정한 리더십은 사람들을 억지로 떠밀기보다는 자발적으로 따라오게끔 유도하는 데 있다. 구성원들로 하여금 미래에 대한 비전을 불붙여 주어 자신들의 모든 것을 쏟을 수 있도록 해 주어야 한다.

한 조사에 의하면, 직장인들이 퇴직을 권유하고 싶은 직장 상사 유형 1순위로 '부하 직원의 공을 가로채는 상사'를 꼽았다. 그다음으로 '퇴근 시간에 일을 시키거나 일이 없는데도 야근을 시키는 상사', '특정 부하 직원을 편애하거나 홀대하는 상사', '자신의 일을 부하 직원에게 떠맡기는 상사' 순이었다. 이 밖에도 '위에서 시키는 일은 대책 없이 모두 떠맡아 오는 상사', '부하 직원을 하인 부리듯 하는 상사' 등이 있었다.

한편 퇴직을 권유하고 싶은 부하 직원 1순위로는 '아무 생각 없이 시키는 대로만 일하는 부하 직원'이 꼽혔다. 그다음으로 '동쪽으로 가라면 서쪽으로 가는 사오정 부하 직원', '사사건건 이의 제기와 불평불만으로 똘똘 뭉친 부하 직원', '업무 능력은 없으면서 상사 비위 맞추기는 타의 추종을 불허하는 부하 직원', '조직의 규율을 지키지 않고 제멋대로 행동하는 부하 직원', '상사에 대한 예의나 존중하는 태도가 전혀 없는 부하 직원'의 순이었다.

직장에서 생기는 갈등은 권위적이고 작위적인 구조에서부터 출발한다. 상사와 부하의 관계, 부서와 부서 간의 관계가 서로를 인정하지 않고 권위와 허례로 해결하려는 경우가 많다. 상사가 부하 직원 위에 군림하던 시대는 지났다. 조직의 성패를 가늠하는 중요한 잣대 중 하나가 바로 수직적 상하 관계이냐 수평적 유대 관계이냐에 있다. 공동의 목표를 달성하기 위해서는 서로를 소중한 파트너로 인정하고 그만큼 대우해 주어야 한다. 그 일례를 살펴보자.

입사 동기인 K부장과 L부장은 서로 판이하게 다른 스타일이다. 부하 직원들과 거리를 두는 것이 바람직하다고 여기는 K부장은 다분히 권위적 스타일을 고수한다. 욕하면서 배운다고 한마디고 자신이 부하 직원 시절에 안줏거리로 삼았던 상사의 모습을 그대로 답습하고 있다. 이에 비해 L부장은 맏형같이 친근한 스타일로, 부하 직원들의 사소한 이야기도 일일이 경청하고 또 도움을 필요로 할 때는 열과 성을 다해 합리적 대안을 제시해 준다.

L부장이 있는 부서는 그야말로 서로의 눈빛만 봐도 가려운 곳을 긁어 줄 정도로 유대 관계가 좋다. 서로 일을 미루지 않고 나보다 동료를 먼저 생각하고 문제가 생기면 너나없이 적극적으로 나선다. 단연 각종 프로젝트에서도 좋은 성과를 낸다. 그러나 K부장의 부서는 되는 일도 없고 안 되는 일도 없는, 한마디로 된장에 풋고추 박히듯 복지부동 그 자체이다.

구성원들의 개성을 인정하고 활용할 줄 아는 관리자야말로 통솔력과 지도력이 뛰어난 사람이다. 즉, 직원의 잠재력을 끌어내 역량 있는 인재로 키우는 상사를 말한다. 사람은 대부분 힘든 일이나 생색낼 수 없는 일은 하기 싫어한다.

공자님의 말씀 중에 인간관계의 아주 기본적인 원칙이 있다. "己所不欲 勿施於人(기소불욕 물시어인)." 내가 원치 않는 일은 남에게 강요하지 말라는 뜻이다. 단순한 논리인데도 실천하기란 쉽지 않다. 올챙이 시절은 까맣게 잊어버리고 부하 직원들로부터 원성을 사는 상사들도 있다. 이런 사람은 리더십을 제대로 발휘할 수도 없고 부하가 따르지도 않는다.

바람직한 상급자란 어렵고 힘든 일을 완벽하게 수행하여 부하로부터 존경받는 인물이다. 능력 없는 상사는 문제가 생기면 부하 직원 탓으로 돌리고, 자신의 실패 역시 남이나 상황 탓만 한다. 그러나 바람직한 상사는 문제가 생겼을 때 부하 직원 스스로 잘못된 부분을 개선하고 전화위복의 기회로 삼을 수 있도록 깨닫게 해 준다. 물론 좋지 않은 소식을 듣고 기분 좋은 상사는 없다. 그러나 질책당할 각오를 하고 보고한 부하 직원에게 대놓고 기분 나쁜 표정을 짓거나 짜증을 낸다면, 두 사람 사이의 커뮤니케이션 통로는 차단되고 만다.

부하 직원이 상사에게 거리감을 느끼는 이유 중 상당 부분은 징벌 방법이 잘못되었기 때문이라고 한다. 때로는 사규(社規)에 의한 징벌도 필요하지만 먼저 잘못한 이유를 인간적으로 깨우쳐 주면 실수도 되풀이하지 않고 상사를 신뢰하게 된다. 또한 실수했을 때는 오히려 격려해 주는 것도 좋은 방법이다. 그러면 스스로 실수를 만회하기 위해 더 많은 노력을 기울인다.

직장에서의 불화는 잘못된 언어의 선택으로 빚어지는 경우가 많다. 특히 부하 직원들에게 상급자의 말투는 무척 영향이 크다. 말 한마디로 인간관계가 원만해지는 경우가 있는가 하면, 그 반대의 경우도 있다. 비판이나 비평은 접어 두고라도 상대방을 생각해서 하는 충고나 조언도 말하는 방법에 따라 관계가 좋아지기도 하고 나빠지기도 한다.

회의 모습을 보면 그 회사의 분위기를 읽을 수 있다. 권위적인 회사에서 회의는 일방적으로 지시 사항의 전달만 있다. 아랫사람들은 그저 잠자코 윗사람의 말을 경청하기만 한다. 혼자서 떠드는 상사를 보면서 직원들은 아예 딴생각을 하거나, "결정 다 난 걸 뭣 때문에 회의를 해? 잘났어, 정말." 하고 속으로 코웃음 친다.

단순히 명령을 하달하는 것이 아니라 직원들의 의견에도 귀 기울여야 한다. "자네 생각은 어떤가?"라는 식으로 덧붙이는 것은 매우 효과적이다. 부하 직원일지라도 그들의 의견이 반영된다고 느끼면 더욱 의욕적이 된다. 일방적으로 부하 직원에게 듣기만을 강요해서는 안 된다. 그리고 앞뒤가 맞지 않는 이야기를 지시한다거나 자신이 지닌 권위만 내세워 일방적인 명령만 하려 든다면 아무도 따르지 않을 것이다.

또한 회사가 공격적이고 비판적인 분위기라면 모든 사람이 경직되게 마련이다. 이런 상태에서는 어떤 논의도 이루어지지 않는다. 솔직한 의견을 말하기보다는 자기에게 불똥이 튀지는 않을지, 무슨 속셈으로 저런 얘기가 진행되는지 등에만 관심을 기울인다. 사소한 일이지만 상대를 배려하는 마음 씀씀이가 설득력을 가진다.

부하 직원을 호출할 때는 미리 자신이 전달하고자 하는 내용들을 정리한 후에 부르는 것이 좋다. 그리고 막연히 부르는 것보다는 구체적인 내용을 알려 주어 짧은 시간이나마 미리 준비하도록 배려해야 한다. 생각나는 대로 시도 때도 없이 부하 직원을 불러 대는 것을 아무렇지도 않게 여기는 상사도 있다. 부하 직원으로서는 짜증나게 마련이요, 그런 상황에서는 진정한 호의나 정성을 기대하기 어렵다. "그 과는 과정의 역량 이상 크지 않는다." 한 번쯤 곱씹어 볼 말이다.

평생직장보다
평생직업을

──────── 당신은 무엇이 성공이라고 생각하는가? 어떤 이는 성공을 부의 축적이라고 생각하는가 하면, 또 어떤 사람은 지위 상승 혹은 사회적 신분 상승 등으로 성공의 척도로 삼는 사람도 있다. 이외에 일과 삶의 균형을 얼마나 잘 유지하는 가로 성공을 평가하거나, 자신이 좋아하는 일을 마음껏 할 수 있는 자유로 성공을 평가하는 사람도 있다.

나는 운이 좋게도 돈도 벌어 보았고 수많은 사업도 다양하게 해 보았다. 만약 돈으로 성공을 가름한다면 어느 정도 성공했노라고 말할 수 있겠다. 그러나 그것은 모두 물거품에 지나지 않았으며 그때보다는 돈은 없지만 하고 싶은 일을 즐겁고 행복하게 할 수 있는 요즘, 가장 성공한 기분이 든다.

과연 성공에 이르는 방법은 무엇일까? 연령층에 따라 다르겠지만 요즘 젊은 사람들이 말하기를 성공적인 커리어를 갖는 것이라고 한다. 결국 그들이 말하는 성공적인 커리어 갖는다는 것이 성공적인 삶으로 향하는 가장 확실한 방법이라 할 수 있다.

지금까지 우리나라에서는 한번 취업한 직장이 평생직장이었기 때문에 한 직장에서 30년 이상 근무하고 퇴직하는 사람들이 많았다. 그러나 요즘처럼 62세에 정년퇴직을 하고 나면 그 긴 시간 동안 무엇을 하고 살아야 할까? 7080 세대는 자기의 커리어 개발이나 관리에 대해서 무관심했었다고 할 수 있다. 그러나 어느 때부터인가 각 기업마다 능력급이나 연봉제들이 도입되고 있고, 조기 퇴직 등 환경의 변화가 급격하게 일어나고 있어 자신의 경력을 어떻게 쌓아 나아가느냐 하는 일이 곧 생존문제와 직결되고 있다.

'커리어 개발'은 개인이 설정한 성공을 이루거나 새로운 직종이나 직업에 진입하기 위하여 자신의 직업능력을 높이거나 해당 분야의 경력을 쌓아 가는 것을 말한다. 그리고 '커리어 관리'란 개인의 성공목표를 설정하고 이를 달성하기 위한 커리어 계획을 수립하여 조직의 욕구와 개인의 욕구가 합치될 수 있도록 자신의 경력을 관리하는 활동을 말한다.

커리어 개발과 관리의 목적은 개인에게 원하는 직업과 승진 가능성과 자기 발전의 가능성을 제시하여 성취동기 유발을 목적으로 한다. 물론 커리어 개발이나 관리에 관심을 갖는다는 것이 바로 승진이나 성공을 가져오는 것은 아니지만, 성공적인 삶을 살고 있는 사람들은 대부분 자기의 커리어 개발이나 관리에 대해서 많은 관심을 가졌던 사람들이다.

평균수명의 연장에 따라 평생직장보다 평생직업의 중요성이 더욱 강조되고 있는 시점에서 예측하기 어려운 미래의 생존 전략을 위해 커리어 개발과 관리가 필수적이 되고 있다. 이에 따라 개인적으로도 자신의 커리어 개발과 관심이 점차 증가하고 있다.

기업에서도 인재의 고용에 유연하고 능동적인 대처가 필요하게 되었다. 이에 기업에서도 인적자원 관리에 있어 기존의 학벌이나 인맥보다는 능력 위주의 인사관리가 요구되고 있으며, 전문적인 지식이나 능력을 갖춘 커리어 개발을 더욱 중요시하고 있다. 따라서 자신의 성공을 달성하기 위해 개인이나 기업에서도 커리어 개발과 관리에 관심을 가지고 확대시켜 가고 있다.

커리어를 개발하는 방법은 자신의 목표나 인생의 목적이 무엇인지를 상기하고, 자신이 소유하고 있는 자원들을 적절하게 배치하고 관리해 나가는 것이다. 인적 자원 관리에 어느 정도 전문성을 가지고 있는 기업에서는 자체적인 커리어 개발 프로그램을 통하여 직원들의 커리어 개발과 관리를 해 주고 있다.

그러나 사회 경험이 부족한 개인들에게 있어서는 커리어를 개발하고 관리하는 일이 쉽지 않다. 이러한 필요성에 의하여 요즘 부각되고 있는 직업이 '커리어 코치'라고 한다.

커리어 코치는 사람의 경력을 개발하고 관리해 주는 일을 하는데, 이러한 과정을 '커리어 코칭'이라고 한다. 커리어 코치는 한 개인의 진로를 좌우하는 매우 중요하고 의미 있는 직업이라 할 수 있다. 이 때문에 커리어 코치가 되려는 사람들도 적지 않다. 앞으로 시장이 계속 커질 수 있는 미개척 분야이기도 하다. 현업에 대한 경험과 지식을 갖추고 있고 헤드헌팅 등 인적자원 분야의 노하우를 쌓는다면 미래의 전문가로 성장해 나갈 수 있는 유망한 직업인 셈이다.

오늘날처럼 고용불안이 증가하고 앞날이 불투명해져 가는 현대에서 살아가려면 직업 및 진로 선택을 받아야 하기 때문에 전문가들의 도움이 필요해 점차 커리어 코치의 역할이 커지고 있다.

공부하는 직장인, 샐러던트

──────── 샐러던트(Saladent)는 '공부하는 직장인'을 의미

한다. 영어로 '봉급생활자'를 뜻하는 '샐러리맨(Salaryman)'과 '학생'을 뜻하는 '스튜던트(Student)'가 합쳐져서 만들어진 신조어다. 직장에 몸담고 있으면서 새로운 분야를 공부하거나 현재 자신이 종사하고 있는 분야에 대한 전문성을 더욱 높이기 위하여 지속적으로 공부하는 사람들을 가리킨다.

오늘날 한번 입사하면 평생 다닐 수 있는 평생직장 개념이 급속히 사라지다 보니 취업문은 자꾸 줄어들고 있으며, 신입사원보다는 경력직 사원을 우대하는 풍조도 샐러던트의 출현을 요구하고 있다. 더욱 수명의 연장은 고령사회로 급속하게 진입하게 됨에 따라 평생직장의 개념보다는 평생직업의 시대로 돌입했다고 해도 과언이 아니다. 평생직업의 시대에 사는 현대인들은 한 직장에 취직함과 동시에 새로운 직업을 갖기 위한 공부를 시작해야 한다.

실제로 직장인들을 대상으로 실시한 최근 한 설문조사에 '첫 직장에서 근무하기를 원하는 기간'이 2년 3개월에 불과한 것으로 조사되었다. 또한 채용 전문 업체인 잡코리아가 최근 직장인 763명을 대상으로 실시한 설문조사에 따르면, 응답자의 35.8 퍼센트가 현재 각종 자격증이나 공무원 시험공부에 매달리고 있었다. 이 같은 설문 결과는 끊임없이 공부해야 살아남는 현대 직장인의 신세를 그대로 드러낸 것이라 할 수 있다.

이 용어의 개념은 공식적인 학교를 졸업하고 회사에 들어와서도 지속적인 자기 계발이라는 점에서 기존의 평생교육과 비슷하다고 할 수도 있다. 그러나 평생교육은 자기의 삶을 윤택하게 하는 자기 주도적인 학습의 성격이 짙은 데 비하여 샐러던트는 직장인들의 고용불안에 따른 생존 전력 차원의 자기계발의 성격이 짙다는 데서 차이점을 보인다. 곧, 샐러던트로서 직장인의 자기계발이라는 긍정적인 의미의 이면에는 어쩔 수 없이 살아남기 위하여 선택할 수밖에 없는 사회적인 풍속이 반영되어 있는 것이다.

외환위기를 겪으면서 한국의 직장인들은 고용불안이 더욱 심화되고 있다. 외환위기 때만 해도 '오륙도(56세까지 직장 생활하면 도둑)', '사오정(45세 정년)'이라는 말에 사회적으로 충격이 컸지만, 요즘에는 더욱 하향화되어 30대에 명예퇴직을 강요당하는 것을 풍자하는 이른바 '38선'이란 말이 유행할 정도로 평생직장의 개념이 급속히 사라지면서 많은 샐러리맨들은 감원이나 직업의 불안에 의하여 심한 스트레스를 받고 있는 사람들이 늘어 가고 있다. 결국 샐러던트라는 용어는 치열한 경쟁사회에서 도태되지 않으려고 애써야 하는 직장인의 처지를 반영하는 것이다.

샐러던트로서 직장에서 살아남기 위해서는 기존의 업무에 대한 전문성 확보는 물론이고 어학이나 자격증 취득과 다른 분야의 전문지식을 쌓도록 사회에서 요구하고 있다. 한마디로 커리어 개발을 하지 않으면 살벌한 세상을 살아갈 수 없다는 것이다. 따라서 생존전략으로서 우리는 커리어 개발을 위한 샐러던트가 되어야 하는 시점에 놓여 있는 것이다.

한 가지 직업을 가지고 있으면서도 어학이나 자격증 취득은 물론 다른 분야의 전문지식을 자기 것으로 만들지 못하면 더 이상 생존경쟁에서 탈락할 수밖에 없다는 살벌한 현실을 앞두고 있다. 그러나 이러한 전망은 일시적인 현상이 아니라 앞으로 더욱 치열해져 결국은 평생직장보다는 평생직업을 찾기 위해서 평생 공부해야만 하는 사회가 온다는 것을 암시하는 것이다.

자신이 선택한 분야에 대한 커리어를 개발할 때는 남들이 다 할 수 있는 일반적인 경력을 쌓을 것이 아니라 남들이 접근하기 어려운 전문성을 가질 수 있도록 심층적으로 커리어를 개발해야 한다.

성공을 유지하는 비결,
자신만의 윤리선언

──────── 성공하기는 쉬어도 성공을 유지하는 것은 어렵다는 말이 있다. 성공을 유지하기 어려운 이유를 들어 보면 첫째는 성공을 위해서 노력하는 것은 개인의 노력으로 가능하지

만 성공을 유지하는 것은 다른 사람들의 도움이 필요하기 때문이다. 둘째는 성공하기 위해서는 최선을 다했다가도 성공하면 초심을 잃고 자기개발을 계속하지 않기 때문이기도 하다. 셋째는 성공하면 주변에서 유혹의 손길이 많기 때문에 자칫 잘못하면 진흙 속으로 빠지는 경우가 많기 때문이다.

윤리 경영에 대한 관심이 많아짐에 따라 기업이나 관공서, 전문직에서도 나름대로 윤리 선언을 만들어 생활화하려 하고 있다. 이러한 윤리 선언은 비단 구성원들에게만 필요한 것이 아니라 대외적으로 관련된 사람이나 고객들에게도 긍정적인 영향을 미치게 된다. 실제로 사람들은 윤리 선언이 없는 기업이나 조직보다는 윤리 선언을 가지고 있는 기업이나 조직에 대해서 신뢰감을 조금이라도 더 갖게 된다고 말한다.

따라서 성공한 사람이 되기 위해서는 나름대로 자신의 윤리 선언을 만들어서 항상 마음속에 새겨 두고 생활화하여야 한다. 비록 자신의 윤리 선언이 남에게 알려지지 않더라도 내면화되고 생활화되어 쌓이면 어떤 경력이나 학력보다 위대한 힘을 발휘하게 된다. 당장은 눈앞의 조그만 욕심을 줄이는 것이 힘들 수 있지만 지금의 인내하는 삶이 후에는 분명히 훨씬 커다란 가치로 보답할 것이다.

원래 윤리가 등장하게 된 이유는 인간이 사회적인 동물이며, 또한 인간이란 선한 행동도 할 수 있고 악한 행동도 할 수 있는 이중성을 가지고 있기 때문이며, 이로 인해 인간에게는 윤리가 필요한 것이다. 따라서 자신의 윤리 선언을 만들어 이를 실행한다는 것은 미래에 크나큰 성공을 위해서 필수적이다.

제5장

성공하는 협상의 조건

전문가들은 협상에는 시간과 정보,

그리고 힘의 관계가 조화를 이룰 때 성공적인 협상을 이룰 수 있다고 말한다.

나는 그중에서도 정보력이야말로 가장 중요한 요소라고 생각한다.

협상에서 우위를 점할 수 있는 힘 역시 상대에 대해

얼마나 많은 정보를 가지고 있는가에 달려 있다.

여기서 정보는 자신과 상대방에 관한 모든 정보를 뜻한다.

따라서 상대방의 정보는 가능한 많이 알아내고

자신의 정보는 가능한 적게 노출할수록 협상에 성공할 확률은 높아진다.

정보력이야말로 협상의 기본이자 힘의 원천이다.

설득하는
말

──────── 이 세상에는 너무나도 다양한 사람들이 살아가고 있기 때문에 생각과 행동이 모두 일치할 수는 없다. 타고난 성격이나 환경, 또는 사회적 지위에 따라 사고방식과 행동 양식이 저마다 다 다르기 때문이다.

사회가 발전하고 복잡해질수록 소외 현상이 나타나기도 하지만, 한편으로는 비슷한 가치관과 사고방식을 가진 사람들끼리 다양한 집단을 만들어 간다. 각 집단은 서로 다른 문화를 형성한다. 기성세대라는 집단은 청소년 집단의 문화를 이해하기 어렵고, 올빼미형 사람들은 종달새형 사람들의 생활 방식을 이해하지 못한다. 인터넷의 각종 동호회 역시 관심사와 취미가 비슷한 사람들끼리 모인 집단이라 할 수 있다.

사람들은 같은 집단의 테두리 안에서는 무조건적인 호의와 배려를 베푼다. 이에 비해 다른 집단에 대해서는 매우 배타적이다. 특히 우리나라처럼 지연이나 학연 등이 여전히 중시되는 사회에서는 더욱 그러하다.

처음 만나는 사람과 친해지기 위해서는 먼저 서로의 공통점을 찾아내는 것부터 시작해야 한다. 먼저 고향을 물어보고, 다음으로 출신 학교를 알아보고, 취미나 하는 일 등 이런저런 이야기를 나누다가 공통점을 발견하게 되면 자연스럽게 대화도 탄력을 받게 된다. 따라서 상대를 설득하기 위해서는 같은 계통, 같은 성격을 지니고 있다는 동류의식을 강조하는 것이 효과적이다. 일단 의식의 공감대가 이루어지면 이야기를 꺼리던 상대도 허심탄회하게 자신을 표현한다. 공감대를 형성하는 것은 성공적인 설득을 위한 지름길이다.

인간은 원래 보수적이다. 그리고 무슨 일이든 타인과 맞추려는 성향이 있다. 자신이 속해 있는 집단의 사고방식을 벗어날 경우 불안감을 느낀다. 대부분의 평범한 인간들은 남을 의식하면서 살아가고 있다. 따라서 이러한 특성에 초점을 맞추어 상대를 설득하면 보다 효과적일 수 있다.

나의 생각이나 사실을 말로 상대에게 전달하는 것은 생각하는 것보다 훨씬 어렵다. 거기에 설득까지 해야 한다면 더 어려운 것이 사실이다. 그래서 상대가 나의 의도를 제대로 알아듣고 이해할 수 있도록 말과 적절한 표현을 사용해야 한다.

° 요점 간추려 말하는 습관 들이기

말에도 먹히는 말이 있고 막히는 말이 있다. 막힘이 없는 말은 단순하면서 명쾌한 말이다. 그리고 논리정연하다. 간단 명료한 대답을 요구하는 경우가 많다. 짧고 핵심적인 말은 상대에게 강한 느낌을 준다. 요점을 간추려 간략하게 말하는 습관을 들여야 한다. 그러기 위해서는 말할 거리가 풍부해 야 하고 창조력, 사고력, 판단력 등이 바탕이 되어야 한다. 그것이 제대로 훈련되면 상황에 따라서 화제를 만들어 낼 수 있다.

° 말하기 전에 머릿속으로 내용 가다듬기

생각나는 대로 툭툭 내뱉는 사람은 실수하기 십상이다. 정리 되지 않은 채 한 말이 상황을 더 악화시키기도 하고 사람에 게 상처를 주기도 한다. 말하기 전에 우선 머릿속에서 내용 을 가다듬는 연습을 하자. 그리고 대화가 일단 시작되면 상 대가 잘 이해할 수 있도록 한 가지씩 분명하게 말해야 한다.

° 억양과 목소리, 속도 조절에 주의하기

말할 때의 목소리와 억양도 중요하다. 그리고 상황에 따라 적당한 제스처도 해야 하고 속도 조절도 필요하다. 말에는 고저장단이 있어야 집중도를 높일 수가 있다. 똑같은 톤은 듣는 사람을 지루하게 만들 수도 있기 때문이다.

° 웅얼거리지 말기

웅얼거리며 말하지 말라. 왠지 자신감이 없어 보인다. 적당
한 톤으로 천천히 분명한 어조로 말하면 침착하고 안정된 느
낌을 준다.

° 높은 톤으로 빨리 말하기 말기

높은 톤으로 빨리 말하면 오히려 긴장했다는 느낌을 주거나
가벼운 인상을 준다. 충분한 사전 준비는 없고 마음은 급하
다 보니 말이 저절로 빨라진다.

° 표정, 눈, 입, 손, 몸짓을 총동원하여 온몸으로 교감하기

말하는 내용과 태도, 그리고 표정이 일치해야 주제의 전달
도 쉽고 상대방에게 신뢰감도 준다. 그러나 진실이 담긴 말
을 하는데도 무관심하고 덤덤한 표정을 지으면 말하는 사람
은 의구심을 갖게 된다. 경우에 따라서는 극적인 효과를 위
해 약간의 쇼맨십을 발휘할 줄도 알아야 한다. 단순히 사실
을 말하는 것만으로는 충분하지 않고 좀 더 생생하게 극적으
로 사실을 전달해야 할 때도 있다.

° 상대의 눈을 직접 바라보지 말기

흔히 눈은 마음의 창이고도 하지만, 대화 중에는 상대의 눈

을 직접 바라보지 않는 것이 좋다. 상대를 똑바로 응시하면 도전적으로 보일 수도 있기 때문이다. 그렇다고 시종일관 시선을 외면해서도 안 된다. 말을 하는 도중에 간간이 신뢰의 눈길을 보내는 것이 좋다.

강의나 발표 전에 미리 충분히 준비하기

화술이 아무리 뛰어난 사람이라 해도 사전 준비 과정에서 중요한 부분을 빠트릴 수 있고, 준비해 놓고도 중요한 사항을 깜빡할 수도 있다. 내로라하는 전문 강사들도 준비를 충분히 하지 못하면 백 퍼센트 실력 발휘가 힘들다고 한다. 미리 준비를 충실히 해 두면 어느 부분을 강조해야 할지 정확하게 파악할 수 있다. 반면에 준비가 부족하면 논점과는 별 연관성 없는 말도 튀어나온다. 그러니 당연히 설득에 실패할 수밖에 없다.

고객의 관점에서 공감대 형성하기

기본적으로 사람은 누구나 자기중심적이다. 누군가와 대화를 나눌 때도 언제나 자기중심으로 이끌어 가고 싶어 한다. 이런 원리를 역으로 이용하면 설득에도 매우 유용하다. 설득하는 데 있어 말 한마디가 갖는 의미가 중요하다. 따라서 대화를 통해 누군가의 호감을 얻고 설득하기 위해서는 자신보다 상대방의 입장에서 화제를 이끌어 가야 한다. 다시 말해 고객이 어떤 부분에 흥미를 느끼는지, 원하는 바가 무엇인지, 고객이 취할 수 있는 현실적인 이익은 어떤 것인지를 분명히 해야 한다. 상대의 기분을 전혀 고려하지 않는 사람은 기본적으로 공감대를 형성할 수 없다.

° 개인적인 이야기 들어 주기

어떤 모임이건 또 상대가 누구이건 상관 않고 사사건건 끼어들어 분위기를 망쳐 놓는다거나, 남의 잔치에 감 놔라 배 놔라 하는 식으로 가르치려 드는 사람에게는 호감을 가지려야 가질 수 없다. 설득에 있어서 우호적인 분위기를 조성하기 위한 방법 중 하나가 고객의 개인적인 이야기를 들어 주는 것이다. 결례가 되지 않는 한 고객의 개인적인 문제에 적극성을 보이며 고민거리에 대한 화제를 유도해 내면 일단 그 설득은 성공적이라고 할 수 있다.

° 맞장구쳐 주기

고객의 행복이나 불행에 대해 동정하고 맞장구쳐 주는 태도야말로 상대를 자신의 편으로 만드는 지름길이다. 맞장구란 한마디 말로 백 마디 이상의 효과를 즉석에서 얻을 수 있는 묘약이다. 적당한 응대는 인간적인 유대도 돈독히 하는 동시에 자신의 인격이 존중되고 있다고 느끼게 한다.

° 상대방에게 먼저 이야기할 기회 주기

누구나 남에게 떠벌리고 싶은 자랑거리 한두 개씩은 가지고 있기 마련이다. 이들에게는 마음 편하게 자랑할 수 있도록 기회를 주는 것도 호감을 살 수 있는 방법이다.

대체적으로 말을 잘하는 사람들을 보면 순간적인 재치도 있지만 무엇보다 순발력이 뛰어나다. 만일 이러한 것이 없다면 평소에 충분한 연습과 의사소통이나 적절한 스피치를 준비해 두는 것이 좋다. 말을 많이 한다고 상대방 설득을 잘하는 것은 절대 아니다. 쓸데없는 말은 핵심을 흐릴 뿐이다. 많은 말을 하거나 유머를 잘못 사용하면 결코 설득할 수 없다. 그리고 남의 말을 가로막는다면 본의 아니게 적을 만들 수 있다.

누군가 유머를 하기라도 하면 알고 있는 유머라도 웃어 주는 센스가 필요하다. 내 말을 듣는 사람이 상대방의 이야기를 듣고 고개를 끄덕여 준다거나 리액션을 해 주면 상대는 기분이 좋아질 것이다. 수식어가 화려할수록 실제 내용이 충실하지 못할 수 있다. 표현을 잘하려고 화려한 문구를 많이 넣기보다는 내용에 성의를 다하는 것이 오히려 좋다.

협상에서 이기는
윈윈 법칙의 원리

———————— 협상은 상대와 내가 의견도 원하는 바도 서로 다르기 때문에 발생한다. 가능한 상대가 원하는 것도 만족시켜 주고 내가 원하는 바도 얻어 내는 것이 가장 바람직하다. 따라서 협상은 상대가 가장 원하는 것을 정확히 읽어 내는 데서 시작된다. 자신은 아무것도 잃지 않고 상대로부터 얻기만 하는 협상은 세상 어디에도 없다. 상대에게 자신의 입장만을 일방적으로 관철시키려 들거나 반대로 아무 조건 없이 상대의 요구를 수용해야 한다면 굳이 협상할 필요조차 없다.

최고의 협상은 협상 당사자 간의 히든카드에 의해 이루어지는 것이 아니라 서로 이해하고 협력하는 노력에서 시작된다. 따라서 협상에 임할 때는 서로가 만족할 수 있는 해결점이 반드시 존재한다는 자세를 가져야 한다. 상대를 제압하고 내가 원하는 바를 얻기만 하면 된다는 생각으로는 절대 성공적인 협상이 될 수 없다. 서로 자신의 주장만 내세운다면 논의는 결렬되고 만다.

그런데 경우에 따라서는 일부러 협상을 결렬시킬 목적으로 자기주장을 고집하기도 한다. 내가 얻는 만큼 상대도 이익을 얻는다는 윈윈(win-win) 법칙이 협상의 대전제이다. 윈윈을 이끌어 내기 위해서는 상대방에게 의혹을 품는다거나 적대감이 있어서는 안 된다. 그리고 협상의 이슈를 단 한 가지로 하는 것은 피해야 한다. 협상에서 많은 이슈를 논의할수록 윈윈의 가능성은 높아진다.

또한 상대에게 손해를 끼쳐서도 안 되고 자신이 손해 보아서도 안 된다. 반대로 자신이 득을 볼 때는 상대도 득이 되어야 한다. 그러나 세상 이치가 그렇게 칼로 두부 자르듯이 명쾌하기는 어렵다. 당연히 서로 간에 이해득실이 발생할 수밖에 없다. 이 경우에는 납득이 가도록 상대를 충분히 이해시킬 수 있어야 한다. 나뿐만 아니라 상대방 역시 승리감을 느낄 수 있을 때 진정 성공적인 협상이라는 점을 명심해야 한다.

지금까지 살아오면서 얻은 교훈 중 하나가 '세상에 공짜는 없다'는 것이다. 무엇이든 그저 얻어지는 것은 없다. 내가 경험한 바로는 주변의 사소한 일에서 회사의 사활이 걸린 중대한 문제에 이르기까지 결과에 상응하는 대가를 치러야 한다는 것이다. 협상을 타결하기 위해서는 반드시 양보하는 부분이 있어야 한다. 조금도 양보하지 않으려 한다면 협상을 타결할 수는 없다.

모든 협상은 기본적으로 '기브 앤 테이크(give and take)'이다. 협상을 진행할 때 무엇을 어떻게 양보하느냐의 문제는 무엇을 얻어 내느냐의 문제만큼이나 중요하다. 양보에도 고도의 기술이 필요하다. 가장 기본적인 것은 사소한 것들은 양보하되 핵심이 되는 것은 절대로 양보하지 말아야 한다는 것이다. 즉, 상대적으로 덜 중요한 것을 내주고 더 큰 것을 얻어야 한다. 양보를 하되 내 편에서는 큰 손실이 없고 상대에게는 이익이 되는 것을 양보해야 한다.

따라서 협상에 들어가기 전에 반드시 무엇을 얻어야 하는지, 중요한 것을 지키기 위해 덜 중요한 것을 어떻게 양보할 것인지를 결정해야 한다. 먼저 이것만은 절대 양보할 수 없는 사안, 즉 이것을 양보할 바에는 차라리 협상이 결렬되는 편이 더 낫다는 것이 있다. 다음은 상대방의 양보와 교환할 수 있는 것이 있다. 마지막으로 상대방이 양보를 요구해 올 때 적당히 못 이기는 척 수락해도 좋은 것이 있다. 이 사안은 상대방과 협상을 진행하며 자유롭게 주고받을 수 있는 것으로, 상대방의 양보를 유도하기 위해 먼저 양보할 수도 있다.

큰 것을 한꺼번에 얻는 것이 불가능한 상황에서는 작은 것부터 요구하면서 협상을 시작하는 것이 효과적이다. 아무리 가능성이 없어 보이는 것도 목표가 분명하면 달성될 수 있다. 상대로부터 한 번에 큰 것을 양보받아야만 성공적인 협상이 되는 것은 아니다. 상대로 하여금 부담 없이 주도록 만들기 위해서는 적절한 명분을 제공해 주어야 한다.

나아가 상대가 처해 있는 어려운 문제를 함께 풀어 가는 적극적인 협상 자세도 필요하다. 협상 테이블에서는 상대방이 뭔가 선택할 수 있는 여지를 남겨 두어야 한다. 쌍방의 호감 없이는 어떤 합의도 오래도록 유지되지 못한다. 설득에 실패하는 경우는 얻을 것에만 관심을 두기 때문이다. 먼저 상대에게 줄 수 있는 것에 관심을 가지는 것이 더 생산적이다.

상대가 원하는 것을 줄 때 상대도 내가 원하는 것을 준다. 협상의 기본은 원원(win-sin), 즉 공동의 이익을 추구하는 것이라는 점을 명심하자.

협상, 아는 만큼
성공한다

——————— 어떤 문제든 판단을 내리기 위해서는 무엇보다 올바른 정보가 필요하다. 시시각각으로 쏟아지는 정보의 홍수 속에서 그 흐름을 정확하게 파악하는 것이야말로 경쟁에서 이길 수 있는 첩경이다. 기초학력이 부족한 학생이 공부를 잘할 수 없듯이 정보가 부족한 사람은 큰일을 도모할 수 없다. 비즈니스에서 정보력은 기초학력이라 할 수 있다. 정보가 있어야 전략도 세우고 영향력도 키울 수 있다.

흔히 전문가들은 협상에는 시간과 정보, 그리고 힘의 관계가 조화를 이룰 때 성공적인 협상을 이룰 수 있다고 말한다. 나는 그중에서도 정보력이야말로 가장 중요한 요소라고 생각한다. 협상에서 우위를 점할 수 있는 힘 역시 상대에 대해 얼마나 많은 정보를 가지고 있는가에 달려 있다. 여기서 정보는 자신과 상대방에 관한 모든 정보를 뜻한다. 따라서 상대방의 정보는 가능한 많이 알아내고 자신의 정보는 가능한 적게 노출할수록 협상에 성공할 확률은 높아진다. 정보력이야말로 협상의 기본이자 힘의 원천이다.

협상에 실패하는 가장 큰 원인은 준비 부족이다. 정보를 잘 활용하여 자기주장에 대한 설득력을 높일 수 있는 자료를 차근차근 수집하는 것이 협상을 준비하기 위한 맨 첫 번째 기초 단계이다. 예측되는 상황에 대비해 만반의 준비를 하고 훈련에 임한다면 성공할 확률은 그만큼 더 높아진다.

협상에 임할 때는 협상하고자 하는 사안에 대한 정보도 중요하지만 협상 상대에 대한 정보도 필수적이다. 상대에 대하여 정확하게 아는 것이 협상의 결과를 좌우한다. 누군가를 설득하려면 그 사람의 가치관을 비롯하여 성격, 기호 등을 파악하는 것이 중요하다. 상대에 대한 사전 지식이 충분할수록 자신 있게 협상에 임할 수 있다. 그렇지 않다면 위축될 수밖에 없고, 설상가상으로 상대가 나에 대해 훤히 꿰고 있다면 시작부터 상대에게 제압당하기 마련이다.

77세 변화와 혁신

흔히 정보 수집이라면 협상에 임하기 전의 준비만으로 끝난다고 생각하기 쉽다. 그러나 정보는 협상이 진행되는 중에도 많은 정보를 얻을 수 있다. 따라서 정보는 끊임없이 수집하고 보안해야 한다. 상대의 말 속에는 다양한 정보가 들어 있기 때문에 상대방에게서 나온 정보도 분석해야 한다.

협상 테이블에서는 가능한 자신의 정보는 노출시키지 말아야 한다. 부득이 자신의 정보를 공개할 때는 될 수 있는 한 궁극적인 목적은 감추고 표면만 이야기해야 한다. 협상을 진행하면서 자신도 모르게 중요한 정보를 노출시키는 경우가 많다. 직접적으로 자신의 정보를 노출시키지는 않더라도 생각 없이 내뱉는 사소한 말들이 치명적일 수도 있다는 점을 명심해야 한다. 따라서 협상 전문가들은 '침묵'을 가장 중요한 덕목으로 꼽기도 한다.

정보 수집 못지않게 중요한 것이 바로 정보의 취사선택과 분석이다. 시중에 흘러넘치는 정보는 다분히 왜곡될 가능성이 있다. 정보 제공자에 의해 악의적으로 조작되기도 하고, 의도한 바는 아니지만 부풀려지거나 축소되기도 한다. 이 때문에 정보가 넘쳐 판단을 그르치는 경우도 있다. 특히 정확하지 않은 정보를 가지고 주변을 분석할 경우 정보가 부족할 때보다 더 큰 낭패를 보게 된다. 자신의 추측이 맞는지 혹은 상대에게 편견을 갖고 있지는 않은지 끊임없이 검증해 보아야 한다.

협상에 임할 때는 정보뿐만 아니라 관련 분야에 대한 전문적인 지식도 필요하다. 정보가 협상과 관계된 다양한 사실들을 말한다면, 지식은 그 협상을 이끌어 가는 데 기본이 되는 자료이다. 각 분야에 대한 전문적인 지식이 많을수록 협상을 잘 이끌어 갈 수 있다. 국제적인 협상에서 각 분야의 전문가를 포함한 팀을 만드는 것도 이 때문이다.

협상에 필요한 정보와 지식을 위해 투자하는 시간은 협상에서의 성공에 비례한다. 미리미리 준비해 두어야지, 마감 시간을 코앞에 두고 정보를 수집하려고 이리 뛰고 저리 뛰어 봤자 이미 기차는 떠나 버린 뒤다. 어떤 의미에서는 협상을 이미 물 건너갔다고 볼 수도 있다.

우리가 정보를 접할 수 있는 곳은 무수히 많다. 특히 정보의 공유를 기치로 하는 인터넷의 발달은 많은 사람들에게 다양한 정보를 제공해 주고 있다. 아직까지는 고급 정보로 보기에는 미흡한 부분도 없지 않지만, 사이버 문화가 정착되면서 점차 전문화되고 있다. 신문이나 잡지 기사들도 데이터베이스화되어 있어 한 번의 클릭으로 다양한 정보의 검색이 가능하다.

일전에 한 대학생이 아르바이트로 경영자들을 상대로 정기적으로 웹 검색을 해 주는 인터뷰 기사를 읽은 적이 있다. 경제 지식에다 영어에도 능통한 그 학생은 국내는 물론 외국의 신문과 저널 등을 두루 돌며 웹서핑을 하는데 수입도 꽤 짭짤하지만 무엇보다 경제 감각을 익힐 수 있어 좋다고 했다. 그 학생을 보면서 나는 앞으로 크게 될 친구라는 생각이 들었다.

그에 반해 우리 세대들에게는 여전히 일간지나 잡지 기사가 중요한 정보 제공처 구실을 한다. 그중에서도 가장 손쉽게 접할 수 있는 것이 신문이다. 나는 3개를 읽고 있다. 신문을 효율적으로 활용하기 위해서는 평소에 관심을 가지고 있는 분야를 비롯하여 각종 통계 자료 및 여러 분야에 걸친 다양한 기사를 꼼꼼히 살피고 스크랩하는 습관을 길러야 한다.

그 밖에도 관련 업계의 전문지 한두 개 정도는 정기적으로 구독하는 것이 좋다. 그리고 평소에 관심이나 흥미를 느꼈던 분야, 혹은 업무와 관련된 신간 서적은 될 수 있는 한 많이 접해 보는 것이 좋다. 정부 기관이나 관련 단체가 발행하고 있는 백서는 통계 자료의 정보원으로서 큰 도움이 된다.

그러나 뭐니 뭐니 해도 가장 중요한 것은 현장의 소리를 직접 듣는 것이다. 경제 부처 인사들이 재래시장을 방문하여 물가 동향을 파악한다든지 선거에 임하는 후보자들이 유권자들의 민심을 알기 위해 다양한 사람들을 만나는 것도 같은 맥락이다.

성공하는 협상의 조건,
장소와 시간

──────── 어떤 일이든 실행하기에 가장 좋은 시기와 장소
가 있다. 하다못해 부모님에게 용돈을 탈 때도 시간과 장소를 잘
가리면 부피가 달라지듯이. 협상을 주도적으로 이끌기 위해서는
협상 환경도 매우 중요하다. 협상 기간을 비롯하여 장소, 시간
등을 자기 페이스에 맞게 설정하면 한결 수월하게 협상을 진행
할 수 있다. "똥개도 자기 집에서는 절반 먹고 들어간다."는 속
담처럼 소위 홈그라운드의 이점이라는 것도 무시할 수 없다.

이 때문일까? 국제간의 협상, 특히 관계가 부드럽지 못한 상
대국끼리의 협상에서는 협상을 위한 장소를 정하는 문제만으로
도 상당한 시일이 걸리고 실랑이가 벌어지기도 한다. 그야말로
협상 장소 선정을 위한 협상이 수차 열리는 경우도 있다, 서로
의 국익에 민감한 사안일수록 더욱 그러하다. 북미협상이나 이
스라엘과 아랍국들의 간의 협상 등 첨예하게 대립된 국가 간의
협상을 보면 잘 알 수 있다.

협상에서 시간 또한 가장 역동적인 역할을 한다. 시간을 어떻
게 사용하느냐에 따라 불리하게 끌어오던 협상을 일거에 반전
시키는가 하면, 공든 탑이 무너지기도 한다. 협상 초기에는 불
리했던 사안들이 시간이 흐름에 따라 유리하게 변하는 경우도

종종 있다. 반면에 시간에 대한 압박감 때문에 불리한 상태에서 협상을 종결지어야 하는 경우도 있다.

시간 제약을 덜 받는 협상가는 그렇지 않은 협상가보다 유리하다. 시간에 끌려 다니다가는 협상을 성공적으로 이끌어 갈 수 없다. 성공적인 협상을 위해서는 상대에 대한 정보와 상황에 주의를 기울여 최적기를 파악해야 한다. 시기가 무르익지 않았다고 판단될 때는 기다리는 여유를 가져야 한다. 이 때문에 협상을 미리미리 계획하고 진행하는 습관이 필요하다. 경우에 따라서는 거래를 성사시키는 데 몇 달 혹은 몇 년이 걸릴 수도 있다. 본격적인 프로젝트를 시작하기 전이라도 잠재 고객과 오랜 세월에 걸친 인간관계를 형성하는 것이 바람직하다.

협상 장소에 갈 때는 시간 여유를 가지고 먼저 도착해 있어야 한다. 충분히 안정을 취한 상태라야 자신의 능력을 유감없이 발휘할 수 있다. 약속 시간에 쫓기다 보면 심리적으로 안정되지 않아서 협상도 효과적으로 할 수 없을뿐더러 허둥대느라 필요한 자료를 빠트릴 수도 있다.

사람의 심리는 환경에 의존하는 바가 크다고 한다. 따라서 화제에 맞는 환경이 있다. 예를 들어 술집은 정보 수집에는 적합할지 몰라도 중요한 약속을 하기에는 부적절하다. 술을 마시다 보면 분위기에 취해 감정적으로 흐르기 쉽기 때문이다. 예나 이제나 베갯머리송사에 당할 장사는 없다는 말도 있지 않은가.

그만큼 장소 선택은 중요하다. 따라서 협상 장소를 선정할 때는 서로의 여건을 충분히 고려해야 한다.

상대에게 협조를 구해야 할 경우에는 가능하면 상대가 자주 가는 장소를 정하는 것이 좋다. 익숙한 장소일수록 몸과 마음이 편안해지고 상대방에 대한 반응도 부드러워지기 때문이다. 상대적으로 거리가 가까운 사람은 상대가 멀리까지 찾아와 준 데 대해 미안한 마음을 가지는 동시에 책임 의식도 느끼게 된다. 그렇게 되면 적어도 그에 대한 보답으로 자신이 해 줄 수 있는 것보다 더 후한 점수를 주는 것은 인지상정이다.

상대의 양해를 구해야 하는 상황에서 상대에게 먼 거리를 오게 한다든지, 찾기 어려운 장소를 선택한다든지, 주차 시설이 제대로 안 된 장소를 선택하는 것 등은 협상이 시작되기도 전에 상대의 심기를 불편하게 만든다. 또한 불쾌해진 상대를 설득해서 내게 유리하게 이끌어 가려면 몇 배의 노력이 필요하다. 가능한 상대가 아는 장소를 택하되, 그렇지 못할 경우에는 미리 약도나 연락처를 팩스로 보내는 등 세심한 배려가 필요하다.

편안한 분위기도 상대를 설득하기 위해서 필요하다. 쾌적한 온도, 적당한 방음, 분위기에 어울리는 음악이 구비된 환경은 성공적인 설득을 위해 가장 적합한 환경이다. 소음이 지나친 것도 문제이지만 상대편의 숨소리까지 들릴 정도로 조용한 분위기도 부적합하다. 시끄러운 음악에 비좁은 의자가 있는 커피

숍이나 조용한 분위기도 부적합하다. 시끄러운 음악에 비좁은 의자가 있는 커피숍이나 옆 사람들의 대화로 떠들썩한 식당, 직원들이 부산하게 오가는 휴게실 등의 분위기는 상대방을 조급하게 만든다.

나는 상대나 내용에 따라 호텔 라운지를 비롯해서 한적한 사무실, 전통 식당 등 몇몇 장소를 물색해 두고 있다. 그렇지만 내가 선호하는 장소만을 고집하지는 않는다. 특별히 생각해서 마련한 장소가 상대에게는 불편할 수도 있기 때문이다. 사람의 성격이나 취향에 따라 선호하는 환경이 다른 만큼 미리 상대에 대한 최소한의 정보를 알고 있어야 한다.

야외에 있으면 마음이 넓어지고 실내에 있으면 마음이 좁아진다고 한다. 따라서 설득하기에 적합한 장소로는 야외를 꼽는다. 사업상의 중요한 협상이나 정치적으로 중요한 타협을 앞두고 골프 회동을 갖는 것도 같은 맥락으로 볼 수 있다. 반대로 협상에서 유리한 상황에 있을 때는 상대의 사무실을 방문해 볼 필요도 있다. 상대가 처한 상황이나 모습을 눈으로 직접 확인하고 또 정확한 정보도 얻을 수 있기 때문이다. 물리적인 위치가 심리적인 면에서도 영향을 끼치는 만큼 이 역시 세심하게 배려되어야 한다.

한 연구 조사에 의하면, 사내 커플의 대부분이 책상을 마주한 사이보다는 옆 자리나 대각선 방향으로 마주한 사이가 더 많다고 한다. 마주 앉는 것은 서로의 시선이 부딪히기 때문에 왠지 부자연스럽고 긴장감이 생길 뿐 아니라 경우에 따라서는 대결하는 듯한 인상을 줄 수도 있다. 따라서 심각한 사업 이야기나 냉정하게 거래를 해야 하는 관계라면 마주하는 것이 좋다. 반면에 보다 부드러운 자리에서는 어깨를 나란히 하고 이야기하는 것이 좋은 결과를 가져오게 한다.

협상을 결렬시키는 것도 기술이다

──────── 협상에서 스트레스는 주어진 시간 안에 상대를 이해시켜야 한다는 점에서 온다. 가장 이상적인 협상은 흐름을 타는 것이다. 협상을 진행하다 보면 상황의 변화 때문에 협상을 그만두어야 하는 경우도 있다. 쌍방이 팽팽한 신경전으로 교착 상태에 빠졌을 때는 아예 협상을 결렬시키는 것도 한 방법이다. 협상의 목적을 달성할 수 없다는 판단이 서면 지체 없이 결렬을 선언한 후 다음 기회를 기다리는 것이 현명하다.

협상 기술 가운데 최고로 꼽는 것은 협상 진행 중에도 무익하다고 판단되면 미련 없이 등을 돌리고 나오는 것이다. 그렇더라도 협상을 결렬시켜 소득 없이 끝내는 편이 양보하는 것보다 나은지를 냉정하게 계산해 보아야 한다. 최종적으로 협상 결렬을 결정했더라도 무조건 협상의 종결을 선언하기보다는 협상의 종결이 상대에게 어떤 영향을 미치는지 냉철하게 생각해 보아야 한다.

경우에 따라서는 표면적인 경쟁자로서 지속적인 협상을 진행하는 것이 다른 협상을 유리하게 이끄는 데 도움이 될 때도 있다. 상대방의 요구가 물러설 수 없는 최후의 마지노선인지를 시험해 보는 한편으로 이쪽의 제안은 더 이상 양보할 게 없다는 점을 강하게 표현한다. 실제로 협상에서 한 번의 결렬은 완전한 결렬을 의미하지는 않는다. 하나의 협상이 타결되기까지는 수차에 걸쳐 결렬의 위기를 겪는다.

타협이나 양보는 결코 굴욕이 아니다. 그것은 협상의 기본이자 자신의 격을 높이는 방법이기도 하다. 상대의 체면을 살려주는 동시에 그의 힘을 역이용하는 것이야말로 고도의 협상 기술이다. 전력 질주로 계속 돌진하려는 사람은 좌우를 살펴볼 여유가 없다. 전력을 다하고 난 뒤에는 속력이 떨어지기 마련이다. 모든 일에는 반드시 생각할 시간이 필요하고, 때로는 돌아가는 지혜도 필요하다.

협상 시간이 길어지면 제대로 판단을 내리기 어려운 경우도 있다. 이럴 때는 잠시 휴식 시간을 제안하여 생각도 정리하고 협상을 지속할 것인지에 대한 여부를 결정하는 것이 좋다. 정확하게 상황을 판단할 수 있는 사람은 신뢰도 얻고 리더로서의 자격도 인정받을 수 있다.

시시각각으로 변하는 상황에서 상대의 행동이나 말, 또는 사회 변동을 포착하여 그에 적절한 대응을 모색하는 능력은 매우 중요하다. 머리가 좋다거나 지적 엘리트라고 해서 반드시 상황 판단력이 뛰어난 것은 아니다. 사회적 조직, 집단이 가지고 있는 제반 상황을 정확하게 포착하는 능력을 가진 사람, 다시 말해 평소에 인간관계에 대해 세심하게 관찰하는 습관을 가진 사람들이 상황 판단력이 빠르다.

협상이 잘 이루어지고 상대방과 가까워졌다고 해서 그 관계가 영원히 지속되리라는 보장은 없다. 대부분의 비즈니스 협상은 서로 필요에 의해 상황에 맞도록 이루어지는 것일 뿐이지 영원한 약속은 아니다. 이미 체결한 계약도 재협상을 통해 변경될 수도 있다.

그런데 협상을 진행하다 보면 많은 사람들이 협상의 목적은 안중에도 없고 오로지 타결에만 집중하는 경우를 보게 된다. 협상이 결렬될 것을 두려워해서는 안 된다. 많은 사람들이 협상 도중에 결렬되면 그나마 지금까지 합의를 통해 얻은 것마저 잃게 될까 봐 두려워한다. 협상의 결렬로 인해 빈손으로 돌아가게 된다는 생각은 협상에 임하는 사람에게 부담을 준다.

그러나 협상을 통해 무언가를 얻겠다는 목적의식이 지나치면

어떤 식으로든 협상을 타결해야겠다는 생각에 무리수를 두게
되고, 무리수를 두는 순간 협상의 주도권은 상대에게 넘어간
다. 급기야 협상이 결렬되는 것을 피하기 위해 자신의 약점을
더욱 크게 여기게 되고, 따라서 점점 더 불안해진다.

특히 많은 예산과 시간을 투자했을 경우에는 당장 가시적인
결과를 얻고 싶어 한다. 소위 본전 생각으로 쉽게 포기하지 못
하는 바람에 협상의 열세에 놓이게 되고, 지금까지 끌어 온 협
상을 지키기 위해 양보해서는 안 될 결정적인 사안까지 양보하
면서 협상의 타결에 미련을 갖는 사태가 발생한다.

일이 의도대로 순조롭게 진행되었을 때는 여유가 생겨 멋진
말도 행동도 취할 수 있다. 그러나 어려움에 처했을 때는 그 사
람의 역량이나 본성이 나타난다. 그 역량이 바로 그 사람의 진
정한 기량이다. 일단 협상에 임하면 어떤 난관에 부딪혀도 평
상심을 잃지 말아야 한다. 어려운 상황에서 평상심을 유지하는
것이야말로 협상가가 갖추어야 할 귀중한 조건이다.

논쟁보다는
해결의 실마리를

─────── 토머스 제퍼슨이 말하기를 "논쟁을 통하여 상

대를 설득한다는 것은 어불성설이다. 처음에는 점잖게 시작되지만 점차 가열되어 예의를 잃게 되고 결구에는 서로 총질하게 되는 것이 논쟁이다."라 했다. 이것은 논쟁으로 상대를 꺾을 수는 있겠지만 결코 설득할 수 없다는 의미이다. 피투성이가 된 채 상대를 이겼다 한들 무슨 이득이 있겠는가?

가끔 텔레비전 토론회를 볼라치면 저절로 눈살이 찌푸려진다. 각계의 전문가라고 초대된 패널들이 벌이는 토론이라는 것도 한심하기 짝이 없다. 평소에 호감을 가졌던 사람도 토론회에만 등장하면 핏대를 올린다. 말이 토론이지 대부분 입씨름이나 상대방 트집 잡기 정도라 해도 과언은 아닐 것이다. 시간이 지날수록 사용되는 어휘들의 수준이 낮아지면서 곱지 않은 대화가 오가고 심할 경우에는 인신공격까지도 서슴지 않는다. 어떻게 해서든지 상대를 제압해야 한다는 생각에서 주제와 상관없는 상대의 약점을 물고 늘어지는 등 갖은 추태를 보인다. 때로는 격의 없이 토론하자고 시작한 것이 논쟁으로 이어지고 지위의 고하가 강력한 논쟁의 무기로 사용되기도 한다.

협상 테이블은 누가 옳고 그르냐를 따지는 토론장이 아니다. 모름지기 설득이란 상대에게 나의 제안을 받아들이면 당신은 이런 이익을 얻는다거나 내가 이만큼 양보했으니 당신도 이만큼 양보하라고 제안하는 것이다. 당사자 간의 의견 차이를 좁혀 가는 합의의 과정이지 누가 옳고 그르냐를 따지는 논쟁의 장이 아니다.

구체적인 자료를 가지고 대화에 임하지 못할 때는 논의가 올바르게 전개되지 않고 논의를 위한 논의로 대화가 진행되어 마침내 논쟁으로 휩쓸리게 된다. 그리고 서로 지나치게 자신의 입장만을 강조한 나머지 쌍방 모두 해결의 실마리를 찾지 못하게 된다. 논쟁은 일종의 말싸움이다. 자신의 견해를 합리적인 것처럼 피력하지만 내가 보기엔 그저 말싸움에 지나지 않는다.

논리적이란 말 역시 실은 지극히 추상적인 경우가 많다. 그래서인지 논리에 강한 사람에게 구체적인 설명을 요구하면 머뭇거리는 경우를 종종 볼 수 있다. 더욱이 무지한 사람을 상대할 때는 논쟁에서 이길 수 없다. 이런 벽창호 같은 사람을 설득해야 할 경우 논쟁이나 논리는 사실 아무 쓸모가 없기 때문에 이들에게 맞는 방법을 모색해야 한다. 설득을 전제로 하지 않는 논쟁과 그것에 동원되는 논리들은 무의미한 것들이다. 합리성은 무엇보다도 논리적으로 도출 가능한 것들에 대한 공감을 전제로 한다.

일단 논쟁에 휩싸이게 되면 해결의 실마리는 찾기 힘들다. 대부분 사람들은 토론을 벌일 때 의견을 일치시키려고 노력하기보다는 혹시 논쟁에 지면 상대가 얕잡아볼지도 모른다는 생각에 자기주장을 관철시키려고 눈에 불을 켠다. 물론 자기주장이 건설적이고 적절한 것이어서 어떻게든 상대를 설득하여 관철시

커야겠다는 생각이 들 때도 있다.

그러나 시종일관 자기주장만을 내세워 상대를 자극하게 되면 반발심을 일으켜 좋은 효과를 얻을 수 없다. 어쩔 수 없이 논쟁을 벌여 상대를 제압했다 하더라도 의연한 자세를 취해야 한다. 노골적으로 자신의 승리를 과시하는 투로 상대에게 으스대는 자세야말로 시쳇말로 상대를 두 번 죽이는 셈이다. 그러므로 최대한 성의 있는 모습을 보이며 논쟁을 끝내도록 해야 한다.

만약 어떤 일에 의견 일치를 보지 못할 경우 자칫 논쟁으로 확대되지 않도록 경계해야 한다. 논쟁으로 확대될 기미가 보일라치면 잠시 시간을 갖고 문제의 실마리를 찾으려고 노력하는 것이 바람직하다. 대체로 사람들은 감정적인 문제로 화내는 경우가 더 많다. 그렇게 되면 서로 마음이 경직되어 더 이상 대화를 나누려는 의욕을 잃게 된다.

상대를 제압했다는 기쁨은 일시적이다. 나무를 보고 숲을 보지 못한다는 말처럼 약간의 양보로 상대와 좋은 관계를 맺을 수 있다면 그것은 자신의 미래를 위해 커다란 투자가 되는 것이다. 상대의 체면을 세워 주어 호감을 사게 되면 언젠가는 그 몇 배로 돌아올지도 모를 일이다. 그러므로 자신의 주장을 관철시키고 싶다면 우선 상대방과 타협점을 찾은 다음에 그것을 돌파구 삼아 문제를 풀어내야 한다.

77세 변화와 혁신

이때도 최소한의 마지노선을 정해 놓고 협상에 임해야 한다. 논쟁이나 감정의 대립이 제아무리 격렬하게 일어나더라도 서로에게는 반드시 일치하는 공통된 결론이 있기 마련이다. 먼저 상대의 이야기를 충분히 들은 연후에 구체적인 데이터를 제시하면서 의견을 명확하게 개진한다면 아무리 완고한 사람이라도 수긍하지 않을 수 없다.

말을 잘한다거나 상대의 약점을 잘 포착해서가 아니라 실제적으로 입증할 수 있을 때 상대를 설득할 수 있다. 진리에 승복하는 것을 수치로 여기는 사람은 없다. 그러므로 논쟁에 패배한 것은 감정의 패배가 아닌, 지식의 패배라는 점을 증명해 주어야 한다. 물론 어떠한 패배도 기분 좋게 받아들일 사람은 없겠지만 그 방법만이 상대의 감정이 손상되는 것을 최소화시킬 수 있다.

협상이라는
마라톤에서

──────── 협상이란 서로 밀고 당기는 줄다리기이다. 줄다리기를 할 때 약한 상대라고 해서 처음부터 있는 힘껏 당기면 힘의 불균형으로 인해 내 편도 뒤로 넘어진다. 이처럼 어떤

일이든 힘의 완급을 필요로 한다. 상대방을 사정없이 몰아세워 자신이 얻고자 하는 것을 얻는 사람이 있는가 하면, 상대방을 최대한 존중하면서도 자신이 바라는 것을 모두 얻은 사람도 있다. 협상에서도 마찬가지이다. 너무 자신의 힘만 믿고 상대를 몰아붙였다가는 오히려 몇 배의 비용을 지불하는 경우도 발생한다.

협상에서 가장 중요한 요소 중 하나는 힘이다. 그러나 우위가 이미 결정된 상황에서 상대방이 나보다 약하다고 해서 내가 이끄는 대로 따라올 것이라고 믿었다가는 큰 코 다친다. 사람에게는 감정이라는 것이 있어서 무시당하는 것을 절대로 좋아하지 않는다. 협상의 결과도 중요하지만 인간관계를 중시할 수밖에 없는 비즈니스 환경에서는 과정도 이에 못지않게 중요하다.

협상을 통해서 내가 필요한 것을 얻어 내기만 하면 그만이라는 식의 자세는 곤란하다. 상대가 아무리 약자의 입장에서 협상 테이블에 앉더라도 상대가 비참할 정도로 일방적으로 협상 결과를 끌어가서는 안 된다. 최소한의 체면은 세워 주어야 적대감이 생기지 않는 법이다. 개도 나갈 구멍을 보고 쫓으라고 하지 않던가.

경우에 따라서는 적극적으로 상대방에게 명분을 제공하고 필요하다면 문제를 함께 풀어 가는 아량을 보여 줄 수 있어야 한다. 고집스럽다는 인상을 심어 주면서까지 자신이 원하는 바를 얻어 내는 것은 무의미하다. 협상 테이블은 자기감정을 폭발시키는 자리가 아니라 자기 이익을 실현하는 자리인 만큼 냉정한 이성으로 무장하고 자리에 임해야 한다.

그리고 협상에 실패하더라도 반드시 다음 협상을 위해 여지를 남겨 두어야 한다. 실제로 대부분의 비즈니스 협상은 한 번으로 끝나는 경우가 드물다. 후속적인 대인 관계를 쌓지 않으면 애써 얻은 결과도 엉망이 되어 버린다. 일단 성공했으니 그것으로 충분하다고 생각하면 더 이상의 효과적인 관계를 유지할 수 없다. 일시적인 감정으로 돌이킬 수 없는 상황을 만들어서는 안 된다. 지속적으로 사업을 하는 이상 지금 당장 협상이 끝났다 하더라도 다른 일로 다시 만나게 된다는 점을 염두에 두어야 한다.

따라서 어떤 경우에도 적을 만드는 일은 피해야 한다. 자기주장이 지나치게 강하다는 평을 받는다거나 매너가 없다는 인상을 주게 되면 대화는 서먹서먹하게 끝이 나고, 따라서 그 사람에 대한 불편한 인상은 두고두고 대인 관계에 영향을 미친다. 협상을 시작하기도 전에 이미 상대방과 내가 가지고 있는 힘의 우위가 판가름 났다고 생각하는 것은 잘못이다.

협상 테이블에서는 절대 강자도, 또 절대 약자도 없다. 힘은 주어지기도 하지만 협상 과정의 여러 변수에 의해 달라지기도 한다. 특히 약한 상대와 협상할 경우 상대를 무시하고 독주하다가는 감정적 대립으로 인해 교착 상태에 빠질 수 있다. 아무리 약한 협상 상대일지라도 체면과 명분을 세워 주면서 양보를 받아 내는 것이 바람직하다.

대체로 감정적이고 체면을 중시하는 한국인들은 협상을 시작하면서 상대방으로부터 무시당했다는 생각이 들면 결과야 어찌되든 감정적인 대응을 시작한다. 이런 분위기가 조성되면 쌍방이 모두 쓸데없는 에너지를 소비하게 되고, 그 결과 협상의 결렬로 이어지며 결국 서로 손해를 보거나 회복할 수 없는 관계의 단절을 가져온다. 상대방의 관점에서 사물을 볼 수 있도록 노력해야 한다.

나는 어떤 문제에 부닥치든지 일단 역지사지(易地思之)의 입장을 견지하려고 노력한다. 특히 설득이나 협상 테이블에서 역지사지의 정신은 매우 큰 위력을 발휘한다. 또한 협상은 인내심과 융통성을 필요로 한다. 때로는 강한 인내심을 보여 주게 되면 상대는 지레 겁을 먹고 한발 물러설 수도 있다. 잘 해결될 것 같지 않은 협상에서는 인내심을 가지고 상대를 설득할 수 있는 근성이 필요하다. 북미 협상이나 대북 협상, 노사 협상 등도 인내심이 승패를 좌우하는 사례다.

오랜 협상 끝에 원하던 결과를 얻었을 때의 성취감은 길로 긴 레이스를 끝내고 마침내 결승점에 다다른 마라토너의 기쁨에 비할 수 있다. 마라톤에서도 가장 중요하게 생각하는 것 중에 하나가 바로 선수의 페이스 조절이다. 평소에 많은 연습을 했다 하더라도 당일의 기후 조건이나 컨디션에 따라 또다시 조절해야 한다. 협상 역시 마찬가지이다.

최상의 컨디션을
유지하는 방법

──────── 사람의 능력은 어느 순간에는 무한정 발휘되기도 하지만 몸이 불편할 때는 만사가 귀찮아진다. 그리고 불편한 몸을 혹사하면 오히려 역효과를 초래한다. 대입 수능고사를 치른 후 채점 결과를 보면 모의고사 때보다 점수가 월등히 잘 나온 수험생이 있는가 하면, 평소 실력도 발휘하지 못해 울상을 짓는 수험생도 있다. 원인은 바로 시험 당일의 컨디션 때문이다. 수험생에게 좋은 컨디션이란 적절한 긴장을 유지하는 가운데 고도의 집중력을 발휘하여 몰입할 수 있는 최상의 정신적 · 육체적 상태를 말한다.

협상에 있어서도 마찬가지이다. 그때그때의 컨디션에 따라 평소 실력을 발휘하는 사람도 있고, 기껏 준비한 일을 망치는 사람도 있다. 최상의 컨디션을 유지하기 위해서는 무엇보다 육체적 건강이 받쳐 주어야 한다. 조금만 관심을 가지고 자신의 생활을 관찰해 보면 건강을 해치는 나쁜 습관을 발견할 수 있다. 수면 부족 등은 몸의 피로를 가중시켜 능률의 저하를 가져온다.

이 때문에 라이프사이클을 낮 주기로 바꾸어 피로를 쌓아 두지 말아야 한다. 그리고 건강한 식생활을 바탕으로 정기적인 운동과 규칙적인 생활, 충분한 수면 등이 뒷받침될 때 비로소 최상의 컨디션을 유지할 수 있다. 고칼로리의 음식이나 흡연, 늦은 밤까지 이어지는 술자리 등도 삼가고, 무리한 다이어트도 피해야 한다.

아침을 거르는 직장인들이 많은데 이는 바람직하지 못하다. 부실한 식사는 건강은 말할 것도 없고 집중력과 기억력도 해친다. 늦게 일어나서 아침 식사를 제대로 하지 않고 출근하는 사람들은 가장 왕성한 활동을 해야 하는 아침 시간대에 집중력과 지구력이 떨어질 수밖에 없다. 이런 사람일수록 상대적 욕구가 생겨 점심을 과식하게 되고, 그 결과 오후 시간 내내 컨디션을 나쁘게 한다.

긍정적인 태도는 건강을 불러오는 반면에 부정적인 태도는 신경쇠약을 부른다. 정신에서 육체를 분리시킬 수는 없다. 따라서 태도를 변화시키면 질병에 대한 몸의 저항력을 키울 수 있다. 스스로 아프다고 생각하면 정말 병이 난다. 협상에 임할 때는 최상의 능력을 발휘할 수 있는 몸 상태를 유지할 수 있어야 한다.

누구에게나 하루는 공평하게 24시간이지만 엄청난 성취를 하면서 담대하게 생활하는 사람이 있는가 하면, 보잘것없는 일상에도 허덕이는 사람들이 있다. 그 까닭은 여러 가지가 있겠지만 중요한 것은 평소에 최상의 능력을 발휘할 수 있는 몸을 만들고 있느냐 아니냐에 달려 있다고 본다.

일을 주도적으로 처리하면서 여유를 찾는 사람들에게는 그렇지 않은 사람들에 비해 나름대로의 비결이 있다. 아침에 눈뜨자마자 일어나는 태도는 활기찬 하루를 시작하는 지름길이다. 20분가량 시간을 아끼는 방법이기도 하다. 눈을 떴는데도 잠자리에서 꾸물거리면 아무리 늦지 않으려 해도 늦게 마련이다. 활기찬 하루를 시작하는 것은 최상의 컨디션을 유지하는 데 매우 중요한 요건이 된다.

아침을 활기차게 시작하기 위해서는 가능한 회사와 집이 가까운 것이 좋다. 여의치 않을 때는 러시아워가 시작되기 전에 움직이면 된다. 복잡한 도로상에서 운전자들과의 사소한 신경전으로 하루를 시작한다면 종일 먹구름이 낄 것이다. 느긋하게 여유를 가지고 차 안에서 그날의 계획을 세우고 궁리해 보자. 아침은 새로운 것을 생각하기에 최적의 시간이다.

퇴근 후에도 특별한 일이 없으면 일찍 귀가하여 재충전을 위해 충분한 휴식을 갖는 것이 좋다. 저녁 시간에는 새로운 생각을 하기 힘든 만큼 신문이나 잡지 등을 통해 정보를 얻는 것도 한 방법이다. 최상의 컨디션을 유지하기 위해서는 가능한 생활을 단순화하는 것이 좋다.

일 역시 마찬가지이다. 능률적으로 일을 처리하기 위해서는 일을 단순화하고 우선순위를 매겨 순차적으로 해결해 나가야 한다. 요즘 아침형 인간이니 저녁형 인간이니 하며 출판계와 인터넷을 뜨겁게 달구고 있다. 나폴레옹과 빌 게이츠는 아침형 인간이라고 한다. 그러나 아침형을 고집하다 건강을 잃은 올빼미형도 있다. 이처럼 시간도 사람에 따라 좋은 시간이 있고 나쁜 시간이 있다. 언제가 자신에게 최상의 시간인지 체크해 볼 필요가 있다.

제6장

빛나는 / 단어 / ‘도전,’

도전은 성공을 위해 필수적이다.

도전하지 않는 사업에 성공이란 있을 수 없기 때문이다.

도전하면 50대 50의 승부수가 있다.

인생을 살면서 50퍼센트의 승률은 매우 높은 것이다.

이렇게 높은 승률을 우리가 스스로 포기한다는 것은 매우 위험천만한 일이다.

실패는 우리의 삶을 구렁텅이로 빠뜨리거나 모든 것을 잃게 하지 않는다.

단지 실패했다는 사실이 두려운 것이다.

도전의 최악은 실패를 경험할 기회를 준다.

그러나 도전하지 않으면 우리는 실패를 경험할 기회마저 저버리게 된다.

'불'자를 떼어 버리고
'가능'으로 바꾸는 능력

─────── 독서로 불가능을 가능하게 한 나폴레옹은 우리가 어느 날 마주칠 재난은 우리가 소홀히 보낸 어느 시간에 대한 보복이라고 하였다. 도전은 남들이 하지 않은 일을 할수록 가치가 높다. 그래서 도전한다는 것을 불가능한 일이라고 생각해 도전 자체를 포기하는 경우도 있다. 사람들은 남들이 이미 이루어 놓은 일이나 자신이 해 본 경험이 있는 일이라면 가능한 일이라고 생각하지만, 그렇지 않으면 불가능한 일이라고 마음의 결정을 내려 시도하지 않는 경우가 많기 때문이다.

세상에 불가능한 일이 있다면 그것 자체로 인생은 절망적이다. 특히 도전이라는 단어가 없어질 것이다. 인류 역사는 불가능이라는 말을 믿지 않는 사람들에 의해 불가능이란 단어가 '가능'이라는 단어로 변화되었고 사회는 발전되어 왔다. 지금 우리가 살고 있는 사회는 불가능하다는 사실을 인정하지 않는 사람들에 의해, 일반인들의 상식 속에서는 도저히 건널 수 없는 불가능의 강을 건너고, 도저히 이룰 수 없다는 불가능의 산에 도전했던 사람들에 의해 창조된 것이다.

　지금 이 시간에도 세계 곳곳에서 도전하는 사람들로 인하여 지금 우리가 생각하는 가능과 불가능의 판단 기준도 상향 조정되고 있다. 요즘 화제가 되고 있는 불가능에 대한 아디다스의 광고 문구를 보면 다음과 같은 글이 있다.

　"불가능, 그것은 아무것도 아니다.
　불가능, 그것은 나약한 사람들의 핑계에 불과하다.
　불가능, 그것은 사실이 아니라 하나의 의견일 뿐이다.
　불가능, 그것은 영원한 것이 아니라, 일시적인 것이다.
　불가능, 그것은 도전할 수 있는 가능성을 의미한다.
　불가능, 그것은 아무것도 아니다."

　결국 불가능이란 도전하는 것이 어렵기 때문에 나약한 사람들이 자신들의 포기를 타당화하려는 뜻에서 불가능하다는 이야기를 한다는 것이다. 더욱 불가능하다는 것은 다수의 의견이 아니라 하나의 의견이며, 만약 불가능한 것이 있어도 그것은 일시적인 것인지 영원한 것은 아니라는 것이다. 오히려 불가능이 있기 때문에 도전할 수 있는 가능성을 준다는 요지이다.

　이미 남들이 할 수 있었던 일을 하는 것은 굳이 '챌린저'라고 하지 않는다. 챌린저라면 남들이 불가능이라고 쓰인 말 앞의

'불'자를 떼어 버리고 '가능'으로 바꿀 수 있는 능력이 있어야 한다. 남들이 하지 못하는 일에 대하여 도전 정신을 발휘해야 희소가치가 높아질 것이다.

내가 만든 한계를
딛고 일어섰을 때

──────── 칭기즈 칸은 "자신이 한계를 딛고 일어섰을 때 비로소 테무친이라는 평범한 아이에서 위대한 황재인 칭기즈 칸이 되었다."고 말했다. 한계는 누가 세워 준 것이 아니라 자기 스스로가 만든 기준이라는 것이다.

도전은 성공을 위해 필수적인 것이다. 도전하지 않는 사업에 성공이란 있을 수 없기 때문이다. 도전하면 50대 50의 승부수가 있다. 인생을 살면서 50퍼센트의 승률은 매우 높은 것이다. 이렇게 높은 승률을 우리가 스스로 포기한다는 것은 매우 위험천만한 일이다. 실패를 했다고 해도 실패는 우리의 삶을 구렁텅이로 빠뜨리거나 모든 것을 잃게 하지 않는다. 단지 실패했다는 사실이 두려운 것이다.

그러나 실패도 내가 인생을 살아가는 데 중요한 경험이 된다면, 도전의 최악은 실패를 경험할 기회를 준다. 그러나 도전하지 않으면 우리는 실패를 경험할 기회마저 저버리게 된다. 사람들은 성공한 사람들을 보게 되면 그 사람이 매우 특이한 사람이기 때문에 성공했거나, 운이 매우 좋아서 하는 일마다 성공했기 때문이라고 생각하는 경향이 많다. 실제로는 그렇지 않다. 성공한 사람들의 면면을 보면 그만큼 실패를 했기 때문에 성공이 더 값진 경우가 많다.

우리가 잘 알고 있는 토마스 에디슨도 수도 없이 많은 실패 속에서 성공을 하였다. 토마스 에디슨은 1,000종 이상을 발명했지만 많은 발명을 위해서 에디슨은 수백만 번의 실패를 거듭했다. 에디슨은 우리가 현재 사용하고 있는 전구를 완성하기 위해 9,999번이나 실패했다. "자네는 실패를 1만 번 되풀이할 작정인가?"라는 한 친구의 물음에, 에디슨은 "나는 실패를 거듭한 게 아니야. 그동안 전구를 발명하지 않는 법을 9,999번 발견했을 뿐이야."라고 답했다고 한다.

에디슨은 매일 16시간 일했다. 그는 자기가 유별난 체질이 아니라, 다른 사람들이 게으르다고 생각하였다. 그는 사람들이 한정된 인생의 귀중한 시간을 너무 많이 수면으로 낭비하고 있다고 입이 마르도록 안타까워했다. 또한 그는 시간을 아끼기 위해 극히 적은 양의 식사를 섭취했으며, 다른 사람에게 식사를 줄이도록 권유했다.

에디슨은 84년 생애 동안 무려 1천93개의 발명품을 남겼으며, 기록한 아이디어 노트만 해도 3천 4백 권이나 된다. 그는 60세가 넘어서도 실험에 열중하였으나, 화재로 인해 자신의 연구소가 잿더미로 변해 벼랑 끝으로 떨어졌을 때도 좌절하지 않았다. 그는 최악의 상황에서도 자신의 도전 의지를 불살라 다시 제기하는 데 성공하였다.

미국의 전설적인 홈런타자 베이브 루쓰(Babe Ruth)는 전에 1,330번이나 삼진을 당했지만, 우리는 그가 날린 714개의 홈런만을 기억할 뿐이다. 농구의 황제 마이클 조던은 초등학교 때부터 시작해 열두 살에 농구의 MVP로 선정되었으나 고등학교 때는 학교 대표팀에서 탈락하였다. 그 일을 계기로 자신의 실력을 증명하기 위해 끊임없이 노력한 결과, 그는 지금의 자리에 이르렀다.

100편이 넘는 서부 소설을 쓴 미국의 극작가 루이스 라모르는 첫 원고를 출판하기까지 350번이나 거절당했다. 베스트셀러 작가인 그는 훗날 미국 작가로서는 최초로 의회가 주는 특별 훈장을 받았다.

어린아이들은 실패가 무엇인지를 모른다. 그렇기 때문에 무엇이든 행동으로 옮겨서 좋은 것은 빨리 배운다. 당신도 걸음마를 배울 때, 몇 걸음 걷다가 넘어지고 또다시 일어나기를 반복하면서 배웠을 것이다. 심지어는 다치기도 하였을 것이다. 그러나 어린아이는 다치거나 상처 입는 것을 두려워하지 않기 때문에 모든 것을 배워 나간다. 그러나 어른이 되면서 세상을 알게 되고 어려울 것 같다는 생각이 포기를 만든다.

불가능하다고 생각하는 것은 실제 불가능해서가 아니라 내가 만든 기준 때문에 그렇다는 것이다. 그래서 성공한 사람들은 불가능이 없다고 하기도 하고. 포기하지 않으면 모든 것이 이루어진다고 한다. 그리고 에디슨은 "성공은 실패의 어머니"라는 말을 하여 결국 실패를 해야만 성공에 이를 수 있음을 역설했다.

도전을 통해 얻는
자아실현의 기쁨

———— 옛날에 게으른 아들을 둔 부모가 있었다. 부모는 아들이 너무 게을러 일은 전혀 하지 않고 빈둥빈둥 노는 것 때문에 마음이 아팠다. 아들은 부모가 해 주는 밥을 먹으며 유산을 받아 편하게 쓰겠다는 생각으로 전혀 일을 하지 않았다. 그러나 부모는 자식의 삶의 모습이 너무 안타까웠기에 농사짓는 방법 좀 배우라고 계속해서 타일렀지만 아들은 전혀 움직이지 않았다. 편한 생활에 안주해 있었기 때문에 무언가를 한다는 것은 그에게 귀찮은 것이었다.

결국 아버지는 눈을 감으면서 아들에게 "물려줄 유산은 전부 보물로 바꾸어 집 뒤의 야산에 묻어 놓았으니 찾아 써라."는 유언을 남기고 눈을 감았다. 모든 유산들이 고스란히 남겨져 편한 생활을 구가할 수 있을 것이라고 생각했던 아들은 당황했다. 당장 내일부터 먹고 살기 위해서는 보물을 찾아야 한다는 강박관념에 다음 날 새벽부터 삽을 들고 야산을 파헤치기 시작하였다. 며칠씩 야산을 파헤쳤지만 보물은 나오지 않았다.

아들은 멈출 수가 없었다. 식량이 떨어졌기 때문이다. 아들이 마침내 온 야산을 다 파헤쳤을 때 항아리 하나를 발견하였다. 항아리 안에는 보물 대신 아버지가 남긴 글이 있었다. 글에는 "지금 네가 보물을 찾기 위해 파헤친 야산은 이제 밭이 되었을 것이다. 씨를 뿌려 곡식을 거두어라."고 적혀 있었다. 아들은 충격에 빠졌고 아버지를 원망도 하였다.

아들에게는 선택의 여지가 없었다. 아버지의 말대로 씨를 뿌린 아들은 결국 풍년을 맞아 몇 년 동안 먹고 살 수 있는 재산을 모았다. 그때 아들은 아버지가 남긴 것은 야산이 아니라 도전하라는 교훈임을 알게 되었다. 아들은 그 후부터 열심히 일하여 부자가 되었다고 한다.

이 일화가 주는 교훈은 많지만 믿음이 허황된 것일지라도, 끊임없이 성공을 기원하며 도전한다면 성공은 실현된다는 것과 성공은 결국 현실의 안주보다는 도전을 해야 이루어진다는 것을 알 수 있게 해 준다. 현재의 생활에 안주하고 싶어 하는 사람일수록 변화를 싫어한다. 바로 성공은 변화를 의미한다. 따라서 성공 자체를 부담스럽게 생각하기도 하고 도전은 아예 생각하고 싶지 않은 단어로 인식할 수 있다. 그러나 변화를 기원하는 사람에게 도전은 바로 성공으로 연결해 주는 지름길이다.

일반적으로 평범한 사람들은 해 보지 않은 일에 대하여 두려움을 가지고 있기 때문에 목표를 세우는 것도 어려워하고, 목표를 세워도 쉽게 포기하는 경향이 많다. 그러나 포기하지 말고 모든 것에 도전하면서 자신이 가지고 있는 잠재능력이 어느 정도인지를 평가해 나가야만 한다. 그러다 보면 지금까지는 발견하지 못했던 잠재능력을 발견하게 될 것이고, 발견된 잠재능력을 개발하고 활용한다면 자아실현의 기쁨을 맛볼 수 있다. 이러한 자아실현의 기쁨은 지금보다 몇 배 나은 생활을 보장해 준다.

그러나 변화하는 것에 대한 두려움으로 도전을 하지 않는다면 자아실현의 기쁨을 맛보지 못하고 인생을 마감하는 것과 같다고 할 수 있다. 결국 잠재능력을 발견할 기회를 갖지 못한다면 아무리 좋은 잠재능력을 가지고 있었을지라도 모른 채 인생을 마감하게 될 것이다. 도전하자. 포기하지 않는다면 그 꿈은 반드시 이루어질 것이다.

세상은 용감한
사람들의 몫이다

──────── 세상은 도전하는 사람들에 의하여 발전하고 발달하였다. 새로운 것을 찾아서 탐험한 사람들에 의하여 신대륙이 발견되었고 험난한 오지의 지도가 만들어졌다. 새로운 것을 만들려는 과학자들에 의하여 우리의 삶을 지배하는 TV가 탄생되었으며, 핸드폰이 나왔다.

처음 전화기를 발명한 벨의 통신 실험이 성공했음에도 불구하고 사람들은 그를 정신병자라고 생각하였다. 굳이 말로 전달해도 되는 것을 장난감 같은 기계를 만들어서 대화하려고 하였기 때문이다. 그렇지만 벨은 전화기를 발명하여 특허를 얻었다. 벨이 전화기를 발명하던 당시, 세계 최고의 전신회사이던 웨스턴유니언 사장에게 벨이 음성전화 기술 특허를 10만 달러에 팔겠다고 제안했을 때 웨스턴유니언 사장 오톤은 일언지하에 거절했다. 결국 그는 평생 부자가 될 수 있는 기회를 스스로 차 버린 것이다. 주변 사람 대부분들도 벨의 전화 발명을 '장난감'이라며 시큰둥한 반응을 보였다. 그러나 그는 벨이라는 자신의 본명을 딴 전화기계 제조회사를 차려 그동안 연구하기 위해서 쓴 돈의 몇 만 배나 많은 돈을 모을 수 있었다.

비행기를 발명한 라이트 형제는 훌륭한 싸움꾼이다. 사람들은 인간이 하늘을 난다는 것이 불가능하다고 생각하였기 때문에 라이트 형제의 무모한 도전을 곱지 않은 시선으로 바라보았다. 그러나 라이트 형제는 어떤 위협에도 굴하지 않고 진실을 수호했고, 식을 줄 모르는 열의를 갖고 경청했고 유연한 사고를 가졌다. 논리적이지 않은 비난을 무시하였다. 그러나 발전적이고 건설적인 논쟁을 통해 초기의 거친 아이디어를 다듬고 구체적으로 형상화할 수 있었고, 마침내 비행기를 만들어 하늘을 날았다.

알프레드 노벨은 자신이 만든 다이너마이트 등의 폭약으로 엄청난 돈을 벌어들인 억만장자가 되어 노벨상을 만든 사람이다. 원래 노벨은 광산에서 굴을 팔 때 사람의 힘으로 팔 수 없는 부분을 뚫을 때 쓰기 위해 다이너마이트를 개발하였다. 원래의 목적은 평화적인 이유로 만들어진 것이다. 그러나 자신이 만든 다이너마이트가 전쟁 등에서 사람을 대량 살상하는 악마의 발명품으로 사용되자 노벨은 국제적으로 비난을 받게 되었다. 점차 노벨은 자신이 만든 폭약에 의해 희생한 사람들을 생각하게 되었고, 결국 자신의 재산을 정리하여 노벨 재단을 만들게 했다. 그래서 그가 죽은 뒤에 노벨 재단, 노벨상 등이 만들어졌다.

이처럼 세상을 이끌어 가는 사람들의 삶은 순탄하지 않다. 나름대로 노력은 물론이지만 주변에서 수많은 질타를 보내기도 한다. 그래서 "남들과 다르다는 것은 약간의 시샘과 부러움의 대상이 된다."는 TV 광고의 멘트도 있다. 남들과 다르다거나 남들보다 앞서게 되면 사회는 가만 놔두지를 않는다. 딴지를 걸거나 뒤에서 붙잡아 끌거나 심지어는 비난을 하거나 헐뜯어서 추락하는 것을 보고자 하는 사람들이 항상 존재한다.

성공의 길로 나가다가도 주변의 비난이나 질투로 인하여 자신의 길을 잃고 실패하는 경우도 있다. 주변의 비난이나 질투는 성공을 향하거나 남들과 차이가 있는 사람에게 항상 그림자처럼 따라다닌다. 마음이 약한 사람들은 남들이 의미 없이 던진 비난이나 질투가 비수가 되어 가슴에 꽂혀 일어설 기운마저 빼앗기는 경우가 많다.

세상은 용감한 사람들의 몫이다. 아무리 거센 바람과 번개가 있다고 해서 그런 환경에 굴복한다면 이 세상에서는 아무것도 할 일이 없다. 주변에서 무심코 하는 자신에 대한 비난이나 질타를 애써서 귀담아들을 필요는 없다. 필요한 것만 듣고 나머지는 철저히 무시해야 한다. 그렇지 않으면 마음의 상처로 인해 모처럼 가졌던 도전을 포기할 수밖에 없다.

성공의 조건, '호기심'이라는 안테나

──────── 우리는 의도적으로 도전을 해야 기회를 만들

어 낼 수 있다. 평범이란 이름으로 남이 간 길을 무작정 따라가
는 곳에선 기회가 있을 수 없다. 따라서 도전하기 위해서는 호
기심이 왕성해야 한다. 호기심은 새롭거나 신기한 것에 끌리는
마음을 말한다.

우리의 생활을 어떻게 하면 편하게 할 수 있을까? 새처럼 하
늘을 날아볼 수는 없을까? 저걸 어떻게 하면 알 수 있을까? 이러
한 호기심들을 모두가 한 번쯤은 가져 보았을 것이다. 물론 이러
한 호기심이 호기심만으로 끝나는 경우도 적지 않다. 어떤 사람
들은 의문을 풀기 위해 혹은 문제를 해결하기 위해 돈키호테처럼
다른 사람들이 보기에는 터무니없는 열정을 갖고 달려들기도 한
다. 또 그것이 생각지 않았던 의외의 결과를 가져오기도 한다.

사람은 누구나 호기심으로 인하여 지금의 내가 된 것이다. 우
리는 어렸을 때부터 주변에 있는 모든 사람이나 사물에 대해 호
기심을 가지고 있다. 갓 태어난 어린아이는 사물에 대한 호기심
으로 인해 손을 뻗쳐 물건을 잡아 보는 도전을 한다. 6~7개월이
되면 오뚝이 같은 장난감을 손으로 치면서 팔을 움직이면 물체
가 따라서 움직이는 것을 신기하게 여기고 같은 행동을 반복하
면서 논다. 2세쯤 되면 또래들과 놀 기회가 많아져 남자나 여자
의 외모나 목소리에도 흥미를 가지는 등 호기심의 범위도 넓어
진다. 3세 무렵이 되면 사물에 대하여 궁금한 것을 자주 물어보
게 된다. 그러다 어느 정도 성장하게 되면 호기심이 사라진다.

호기심의 충족이 많을수록 호기심은 더욱 커진다. 호기심을 해결하지 못하는 순간 호기심은 사라지기 쉽다. 호기심이 사라지는 순간 주변에 대한 모든 것에 대하여 큰 관심이 없어지고 만다. 호기심이 없는 사람은 죽은 사람과 마찬가지이며, 사고의 유연성이 없는 사람은 혼자 사는 사람이며, 낙관이 없다면 그에게는 실패만이 기다리는 사람이기 때문이란다.

성공하는 삶을 위해서 우리는 항상 '호기심'의 안테나를 세워놓아야 한다. 호기심은 세상에 대한 관심, 자신의 일에 대한 적극성의 다른 표현이기도 하다. 어떤 일에든 소극적인 태도와 정반대되는 자세다. 이런 호기심을 잃지 않는 사람에게는 아무리 어려운 상황 속에서도 성공이 열리기 마련이다.

고독을 즐기는
선구자의 삶

────── 도전하는 사람들은 고독하다. 남들이 이미 간 길을 따라가는 것도 힘들지만 남들이 가지 않은 길을 가는 도전자들은 더욱더 고독하다. 그런 뜻에서 도전자는 선구자라고 할 수 있다. 선구자(先驅者)는 다른 사람에 앞서서 어떤 일의 중요성을 인식하여 그 일을 실행한 사람을 말한다. 그런데 이러한

선구자에 대한 세상의 시선은 그리 곱지 않다. 세상은 그들을 이해해 주려고 하지도 않는다. 가만히 놓아두기만 해도 좋으련만 세상은 다리를 붙잡거나 핀잔을 주고 도전의 의지를 꺾어 놓는 경우가 많다.

중국의 저명한 작가 중 『아큐정전』으로 유명한 노신의 글 중에서 이런 말이 있다. "희망이란 본래 있다고도 할 수 없고 없다고도 할 수 없다. 그것은 마치 땅 위의 길과 같은 것이다. 본래 땅 위에는 길이 없었다. 걸어가는 사람이 많아지면 그것이 곧 길이 되는 것이다."

그렇다. 희망은 처음부터 있었던 것이 아니다. 선구자가 길을 열고 만들어 갔기 때문에 길이 되었으며 길을 가는 사람들에게 희망이 된 것이다. 따라서 희망은 희망을 갖고자 하는 사람에게만 존재한다. 희망이 있다고 믿는 사람에게는 희망이 있고, 희망 같은 것은 없다고 생각하는 사람에게는 실제로도 희망은 존재하지 않는 것이다.

변화, 장애물이 아닌
새로운 도약과 반전

———— 매일 변화하는 삶을 사는 것이 나의 신조이다.

내 인생에서 큰 변화가 여러 번 닥쳤지만 그때마다 내린 과감한 결단은 지금 생각해도 정말 잘했다는 느낌이 든다. 변화를 두려워하는 것은 모든 인간의 속성이다. 안정은 인간이 가장 소중히 여기는 목표 중 하나다. 결과가 잘못될 수도 있기 때문에 될 수 있는 한 위험을 피해 가려고 한다. 그러면서도 우리는 변화를 바라고 있다.

실은 나 자신부터 변화가 두려울 때도 있고, 안주하고 싶은 유혹을 받기도 한다. 하지만 나는 천성적으로 변화를 두려워하기보다는 끊임없이 변화를 추구하는 스타일에 가깝다. 지금까지 나는 꽤 다양한 직업과 여러 직함들을 거쳐 왔다. 개중에는 서로 연관이 없는 것들도 있다.

새로운 사업을 시작하거나 직장을 옮길 때는 치밀하고 섬세한 분석이 선행되어야 한다. 하지만 아무리 합리적이고 이성적인 논리를 앞세운다 해도 앞을 내다보는 데는 분명 한계가 있기 마련이다. 그렇더라도 불확실한 일에 투자할 수 있는 결단력과 용기를 가진 자만이 보다 나은 미래를 얻을 수 있다.

이제 시대가 달라졌다. '투잡스', '쓰리잡스'에서 이제는 '포잡스'까지 등장하고 있다. 이처럼 동시에 여러 직업을 갖는 멀티플레이어가 각광받는 시대이다.

오늘날처럼 급변하는 시장 환경에서는 그 흐름을 빨리 읽고 적응할 수 있는 개인과 조직만이 살아남을 수 있다. 변화의 가속화에 동승하지 못한다면 도태되고 만다. 잠시 저명한 미래학자 엘빈 토플러의 미래 사회에 대한 진단 내용을 들어 보자.

"가속적인 변화는 우리가 해야 할 일을 증가시키고, 우리가 선택해야 할 일들을 그만큼 더 많이 발생시킨다. 우리의 생활은 빠듯하고 숨 막히고 복잡하기 그지없게 된다. 이 같은 사회 변화의 가속화가 우리의 대응을 어렵게 한다. 과거에 전혀 경험해 보지 못한 새로운 상황과 맞닥뜨릴 때 인간의 대응 능력은 악화되지 않을 수 있다. 이러한 '미래 쇼크'로부터 살아남으려면 전보다 더 나은 적응력과 능력을 계속 키워 나가야만 한다. 자기 자신을 안정시킬 새로운 방법을 찾아내야만 하는 것이다."

그렇다. 새로운 커리어를 개발하여 기업이 요구하는 가치를 창출하기 위해서는 낡은 사고방식을 버려야 한다. 변화는 어느 시대를 막론하고 지나칠 수 없는 시대의 거대한 흐름이다. 변화의 흐름에 따라 옛것과 새것을 적절하게 활용해 변화에 대처해야 한다. 변화는 장애물이 아니라 새로운 도약과 반전을 노릴 수 있는 기회이기도 하다.

지구상에 살아남은 것은 가장 강한 동물이 아니라 환경 변화에 가장 잘 적응한 동물이라고 한다. 많게는 불확실성이 막연한 두려움이나 선입견에서 비롯되는 경우가 많다, 오늘은 어제와 다르고, 또한 미래는 아주 다른 양상을 띨 것이다. 변화를

77세 변화와 혁신

혁신의 원리로 받아들일 때는 이미 변화를 시작한 것이다.

최근 우리 사회는 다방면에 걸쳐 변화가 이루어지고 있다. 여러 변화 요인들 가운데에서도 가장 두드러진 것 중 하나는 바로 세대교체일 것이다. 컴맹의 고통을 실감하는 사람들도 많을 것이다. 이럴 때일수록 사람들의 사고방식과 행동 양식에서 공통점을 찾아내고 그 특징을 간파하는 것은 매우 중요하다. 시대의 조류를 제대로 읽어야 살아남을 수 있다는 것이다.

그렇다고 무조건 부화뇌동(附和雷同) 하라는 것은 아니다. 현대사회는 정보화 사회, 첨단 기술의 사회에 걸맞게 인터넷을 이용한 전자상거래의 급속한 확대 등으로 정보·통신 산업은 무서운 속도로 성장하고 있다. 그런가 하면 우리나라도 이미 고령화 사회로 접어들어 실버산업과 복지산업이 거대 시장으로 성장하고 있다. 또한 요즘 유행하는 웰빙을 필두로 삶의 질을 따진다. 친환경 산업이니 청정 제품들이 인기를 끌고 있다. 이렇듯 현실을 직시하는 것이 경영에서 가장 중요하다.

진실은 당황스럽게 만들기도 하고 스스로를 왜소하게도 만들기 때문에 흔히들 진실을 회피하는 경향이 있다. 이렇듯 변화에는 필연적으로 혼란과 예상치 못한 부작용이 따른다. 새로운 일을 시작하고 도전하는 데 아무 일 없이 순조롭게 진행될 수만은 없다. 이러한 혼란은 변화의 필수적인 과정이다.

한 기업의 문화를 바꾸는 데 가장 중요한 것은 경영자의 의지이다. 강한 리더십을 발휘한다면 기업 문화를 바꾸는 것은 훨씬 수월해진다. 새로운 기업 문화를 형성하는 일은 결코 간단하지 않다. 현실에 안주하거나 복지부동하는 분위기가 지배적이라면 이를 개선하려는 노력은 지지부진하기 마련이다.

사람들은 기존의 정형화된 방식이 가장 익숙하고 편한 법이다. 자기중심적인 시각과 고정관념, 그리고 편견은 변화를 가로막는 요인들이다. 인간은 일반적으로 특별히 자신에게 이익이 되지 않는다면 사회 통념적인 일반론을 유지하려는 경향이 강하다. 대부분의 사람들은 변화보다는 전통을 더 소중하게 생각한다. 변화의 필요성을 전혀 느끼지 못하고 전통에 집착하는 경우에 문제점이 발생한다. 그렇지만 변화를 목적으로 한 변화를 더욱 위험하다.

나는 무난하고 안전한 삶만을 원하는 사람에게서 매력을 느끼지 못한다. 끊임없이 주변 사람들을 독려하는 편이다. 그것은 안주하려는 나 자신을 채찍질하는 것이기도 하다. 고인 물은 썩기 마련이다. 직접 변화에 대한 열의를 가져야 한다. 자신은 몸을 사리면서 상대에게만 변화를 요구해서는 설득력을 가질 수 없다. 솔선수범이야말로 가장 강력한 설득의 수단이다. 무한도전! 아름다운 세상이 기다리고 있다.

제7장

성공을 만드는 인맥 관리

인간(人間)은 사람들 사이에 적당한 거리가 있음을 의미한다.

그 거리에 따라 형성되는 관계를 '인간관계' 또는 '인맥'이라고 한다.

한 개인이 자신의 능력만을 가지고 성공하기 위해서는

난관도 많고 시간도 많이 걸린다.

그러나 내가 가지고 있지 않은 능력을 남들이 보충해 주거나

서로가 가지고 있는 장점을 공유한다면

리더로서 성공하는 데 도움을 받을 수 있다.

이렇듯 한 단계씩 성장하는 데 중요한 인맥에 의하여 도움을 받는다면

수많은 시간을 절약하고 난관을 쉽게 극복할 수 있을 것이다.

인맥 관리의
중요성

────────── 중국에서 내려오는 격언 중에 제왕이 되려면 3
가지 기(氣)를 얻어야 한다는 말이 있다. 첫째는 하늘의 기운(天
氣), 둘째는 땅의 기운(地氣), 그리고 마지막으로 사람의 기운(人
氣)을 말한다. 하늘의 기운과 땅의 기운의 경우 매우 추상적이
며 일반인들에게는 조금 접근하기 어려우나, 사람의 기운(人氣)
는 누구나 접근 가능한 것이다. 사람의 기운은 현재도 '인맥 관
리'라는 말로 널리 쓰이고 있다.

미국 카네기 멜론 대학에서 사회적으로 성공한 사람들
10,000명을 대상으로 성공의 비결을 조사한 결과, 지적 능력이
나 재능이 성공에 미치는 영향은 15퍼센트에 지나지 않았으며,
나머지 85퍼센트가 꼽은 성공 요인은 바로 인간관계인 것으로
나타났다. 조사 결과를 정리하면, 아무리 지적 능력과 재능이
뛰어나다 하더라도 인간관계에 대한 능력이 부족하면 성공을
이루기가 어렵다는 결론을 얻을 수 있다.

우리나라에서도 인터넷 취업사이트 '파워잡'에 따르면 대학생

632명을 대상으로 '인맥 관리 의식'에 대해 설문 조사한 결과, 인생에서 인맥이 '매우 중요하다'는 대답이 69퍼센트, '다소 중요하다'는 응답자가 22.5퍼센트 등 10명 중 9명이 인맥이 중요하다고 대답했다. 인맥이 중요한 이유는 무엇일까?

우리나라 옛 속담 중에서 "팔이 안으로 굽는다."는 말이 있다. 우리는 유전적으로 내 가족, 내 친척, 내 친구에게 아무래도 마음이 더 가게 마련이다. 전혀 모르는 사람보다는 옷깃이 한번 스쳤더라도 안면이 있는 사람에게 눈길이 더 가는 것이 당연하다. 한 개인이 자신의 능력만을 가지고 성공하기 위해서는 난관도 많고 시간도 많이 걸린다. 그러나 한 단계씩 성장하는 데 중요한 인맥에 의하여 도움을 받는다면 수많은 시간을 절약하고 난관을 쉽게 극복할 수 있을 것이다.

인생을 살면서 운이 좋아 성공한 사람들을 보면, 대부분 좋은 인맥을 통하여 고속승진을 하거나 돈을 많이 벌 수 있는 기회를 가졌음을 알 수 있다. 인맥을 자신의 성공과 결부시키는 것이 지나치게 인간관계를 목적으로 치부한다고 비난할지라도, 복잡한 현대 사회를 살아가기에는 혼자의 힘으로는 살 수 없다. 자기 혼자 아무리 뛰어난 재능을 가진 사람이라도 혼자서 이 세상의 모든 것을 다 해결할 수가 없기 때문이다. 결국 내가 가지고 있지 않은 능력을 남들이 보충해 주거나 서로가 가지고 있는 장점을 공유한다면 리더로서 성공하는 데 도움을

77세 변화와 혁신

받을 수 있다.

낯선 사람을 친구로 만들고 나아가 비즈니스 파트너로서 지속적으로 교류할 수 있는 능력은 매우 중요하다. 살아가면서 자신의 인생을 좌우할 만한 동지를 만날 수 있다는 것은 분명 행운이다. 한 번 맺은 좋은 인간관계는 핏줄 이상으로 평생의 좋은 동반자가 될 수 있다.

남에게 도움받기를 싫어하는 분들도 혼자 이 세상을 살아가는 것보다는 누군가 나를 지켜봐 주고 격려해 주는 사람이 있다는 것만으로 이 세상을 살아가는 것이 너무 행복할 것이다. 여러분은 나를 걱정해 주는 사람을 주변에 두고 있는가? 내가 힘들 때 찾을 수 있는 사람이 있는가? 나를 성공으로 이끌어 줄 사람이 있는가?

성공을 만드는
좋은 만남

——————— 좋은 인맥은 인생을 살아가는 데 매우 중요하다. 그렇기에 좋은 사람과 만남은 우리 인생에서 정말 중요하다. 세상에는 완벽하게 좋은 사람도 없고 완벽하게 나쁜 사람도 없다. 대부분의 사람은 내게 좋은 인연이냐, 나쁜 인연이냐

의 차이일 뿐이다. 다른 사람에게 아무리 좋은 사람도 나에게 악인이 될 수 있고, 나에게 아무리 좋은 사람도 타인에게는 악인이 될 수 있다. 어떻게 보면 좋은 인맥이라는 것은 나에게 좋은 인연이 있는 사람과 관계를 맺는 것이라 할 수 있다. 사회적으로 성공한 사람들을 보면 좋은 사람을 인연으로 만듦으로써 인생이 바뀌는 경우가 많다.

미국에서 출생한 20세기의 위대한 여성인 헬렌 켈러는 태어난 지 9개월 만에 열병을 앓아 눈과 귀가 멀게 되었다. 시간이 갈수록 헬렌은 점점 난폭해지기 시작했다. 정신병원에까지 보내졌고 괴성을 지르는 모습이 사나울 대로 사나워져 있었다. 의사들은 불가능하다고 선언했고, 헬렌은 결국 온종일 독방에서 생활하게 되었다.

하지만 헬렌은 설리번 선생을 만나면서 180도 달라지기 시작한다. 설리번 선생은 헬렌의 손바닥에 글씨를 써서 사물들의 이름을 헬렌에게 가르쳐 주었다. 쉼 없는 사랑과 인내로써, 어둠 속을 헤매던 헬렌에가 말과 글은 물론 인생의 참의미를 깨우쳐 주었다. 헬렌은 설리반으로부터 사랑에서 노력을 배웠고 노력에서 성취를 배웠고 성취에서 인내를 배웠고 인내에서 기쁨을 배웠고 기쁨에서 용기를 배웠다.

그렇게 불가능 100퍼센트였던 헬렌켈러는 20세 때 하버드 대학에 입학하였다. 헬렌은 전 세계 장애자들에게 희망을 주었고, 다양한 활동으로 선한 역할을 감당하여 "빛의 천사"로도 불렸다. 이런 헬렌 켈러의 위대함은 설리반 선생이라는 헌신적인 사람이 있었기 때문에 가능했다. 무엇보다 설리반 선생은 조건적인 사랑이 아닌 쉼 없이 주는 위대한 사랑이었기에 짐승 같은 한 여자아이를 금세기 최고의 위대한 여성으로 탄생시킬 수 있게 된 것이다.

그뿐만 아니라 우리나라의 대표적인 야구선수인 박찬호 선수는 스티브 김이라는 에이전트를 만나 미국에서 성공할 수 있었다. 세계적으로 가장 부자인 마이크로소프트사의 빌 게이츠 회장은 스티브 발머리라는 영업의 귀재가 있었기에 오늘날 세계 최고의 기업을 만들 수 있었던 것이다.

우리는 세상을 살아가면서 수많은 사람을 만나고 있다. 때로는 좋은 만남으로 인하여 사람의 인생이 정반대로 바뀌어 성공으로 이르게 되는 때도 있다. 그러나 때로는 잘못된 만남으로 인하여 인생이 꼬이고 같이 망가지는 사람도 있다. 그만큼 인생에서 사람과 만남을 통해 한 사람의 인생이 천하게도 귀하게도 된다는 사실을 생각하여 신중하게 인맥을 맺어야 한다.

그러나 무작정 좋은 인맥만 찾으려 애쓰지 말라. 만나는 모든 사람을 극진히 대우하고 정성을 다해 대해 보라. 다른 사람에게는 나쁜 사람도 반드시 내게는 좋은 인연이 될 것이다. 성공을 만드는 것은 좋은 인맥이 아니라 좋은 인연이다. 여러분들은 여러분의 인생을 바꾸어 줄 만한 인연을 만났는가?

상대방을 감동시키면
인생이 바뀐다

──────── 불교에서 많이 쓰는 말 가운데 '일기일회(一期
一會)'라는 말이 있다. 일기일회란 평생 단 한 번 만나는 것을 가
리키는 말로, 좋은 인연은 일생 동안 단 한 번밖에 볼 수 없으
니 최고의 정성을 다하여 만나라는 의미다.

일본 소프트 뱅크는 자산 규모 20조 원의 일본 정보기술(IT)
업체로 재일교포인 손정의 씨가 회장이다. 일본 언론들은 그를
100년 만에 한 번 나올까 말까 한 혁신적인 기업가라고 떠들어
댄다.

그러나 손정의 씨는 처음부터 부자가 아니었다. 크게 성공해
야겠다는 비전을 가지고 있었던 그는 16세 때 사가현이라는 작
은 시골에서 도쿄로 무작정 상경하여 일본 맥도날드의 경영자
후지타 덴을 찾아갔다. 성공한 사람을 통해 조언을 듣고 싶었
기 때문이었다. 후지타 덴 회장은 1971년 도쿄 번화가 긴자에
맥도날드 첫 체인점을 개설한 이후 일본 내 체인점이 3,800여
개로 확대된 맥도날드 재팬(Japan)을 본사와 합작 설립해 32년간

사장과 회장을 지냈다.

손정의는 조언받기 위하여 그를 찾아갔지만 만나 주지 않아 일주일을 매달렸다. 마침내 후지타 덴이 손정의의 정성에 감복하여 만나 주었다. 후지타 덴은 손정의에게 "미래 사회는 컴퓨터, 인터넷의 시대가 될 것이므로 그 분야의 사업을 하라."는 조언을 하였다. 이후 손정의는 미국으로 건너가 공부를 하고 귀국하여 마침내 소프트 뱅크를 설립하였다. 그리고 그는 오늘날 일본 최고의 갑부가 되었다.

이처럼 상대방이 감동하게 되면 우리의 운명이 바뀌는 경우가 많다. 따라서 인맥을 맺고자 하는 사람을 감동시켜야 한다. 요즘처럼 다양한 사람들과 무수한 만남 속에서 상대방을 감동시키기 위해 문자나 이메일을 통해서 만남의 기쁨을 알려 주고 많이 배웠다는 내용과 앞으로도 좋은 만남을 기원한다는 내용을 보내 보자.

처음 만난 사람이 지나치다고 생각할 수 있지만, 주기적으로 안부를 묻게 되면 자기도 모르게 오래 만난 사람처럼 인식이 변하게 마련이다. 비록 작은 것이지만 세심한 것이 조그만 감동으로 작용하여 경직된 사람의 마음을 열게 하고 좋은 인간관계를 맺게 하는 데 도움이 된다는 사실을 알아야 한다.

° 인맥지도 그리기

좋은 인맥을 맺기 위해서 가장 먼저 해야 할 일은 자신의 현재 인맥 상태를 점검하는 것이며, 효과적인 방법은 자신의 인맥지도를 그리는 것이다. 인맥지도는 크게 친목 지도와 전문 지도로 나눌 수 있다. 친목 지도는 말 그대로 아무 이해관계 없이 오직 친목을 중심으로 인맥을 분류한 것으로, 가족, 동창, 지역, 사내, 업계, 사외인맥 등이 분류 기준이 된다. 가장 일반적인 형태이고 분류가 복잡하지 않으므로 신입 사원이나 인맥이 그리 넓지 않은 경우에 수월하게 그릴 수 있다는 장점이 있다. 반면에 전문 지도는 전문 분야를 분류 기준으로 나의 사업과 연관하여 인맥을 분류한 것이다. 예를 들어 정치, 경제, 법조, 비즈니스, 문화, 금융, 예술, 체육, 행정관계 등의 분류를 들 수 있는데, 인맥 관계가 넓고 복잡한 경우에 활용하면 좋다. 인맥지도를 그리면 이를 통해 자신이 부족한 인간관계가 어느 부분인지를 알 수 있다. 또한 반드시 관리했어야 하는데 미처 살펴보지 못했던 관계가 있는지 파악하는 데 도움을 줄 수 있다. 따라서 인맥지도를 통한 점검을 하고 난 후에는 자신의 인간관계를 정비하거나 부족한 인간관계를 보충하는 데 도움을 받을 수 있다.

77세 변화와 혁신

° 주기적으로 만날 기회 갖기

사랑은 시간과 비례하고 거리에 반비례한다. 인간관계도 그렇다. 시간을 내어서 자주 만나면 할 이야기도 많고 자꾸 보고 싶다. 그러나 아무리 친한 친구 관계였어도 오랫동안 만나지 못하면 오랫만에 만나서 할 이야기가 없어져 오히려 서먹서먹한 경우가 많다. 따라서 좋은 인맥을 구성하려면 자꾸 만날 수 있는 다양한 모임과 행사를 개최하고, 인맥을 묶을 수 있는 이벤트나 프로젝트를 추진하고, 단체와 조직을 만들어야 한다. 그래야 주기적으로 만날 수 있는 기회가 주어져 인맥끼리 돈독한 정도 들고 할 이야기도 많아진다.

° 온라인에서 만나기

바빠서 사람 만나는 일이 힘들다고 하는 사람일수록 인간관계가 좁다는 것을 알 수 있다. 좋은 인맥을 많이 맺은 사람일수록 바쁘지만 사람과 만남에 많은 시간을 투자한다. 오프라인상에서 시간을 내기 어려워 좋은 인맥을 형성하는 데 어려움이 있다면 온라인에서 인맥을 맺어 보는 건 어떨까? 요즘은 사이버상에서 만나 결혼을 할 정도로, 바쁜 현대인들의 인맥을 높이는 데 인터넷이 크게 기여하고 있다. 인터넷에서 좋은 인맥을 맺는 방법은 좋은 인맥들이 많이 모여 있는 커뮤니티, 블로그, 카카오톡, 밴드, 페이스북을 방문하여 회원으로 가입하는 것이다. 또한 자기가 좋아하는 언론계, 정계, 재계 등에서 개설한 인터넷 사이트를 찾아서 활동해 보자. 더욱 인맥을 넓히고 싶으면 온라인상의 동문회, 지역모임, 취미모임, 스터디모임, 비즈니스모임에 참여한다. 몰라보게 많은 인맥을 만들 수 있다. 친한 인맥들과도 지속적인 만남을 위해 MS의 MSN, 다음 터치 같은 메신저를 이용하여 짧은 시간이나마 인사라도 나누어 보자. 회사에서도 메신저를 이용해 회의하는 경우가 늘어 가고 있다. 그러나 온라인상의 인맥을 오프라인에서도 좋은 인맥으로 변환하려면 단순한 가입에서 벗어나 게시판에 글을 올린다든가 온라인상에서 이루어지는 각종 이벤트에 참여해 보자. 자연스럽게 회원들에게 궁금증을 유발하게 되어 오프라인 모임에서 좋은 인맥을 맺을 수 있다.

° 오프라인에서 만나기

오프라인상에서 많은 인맥을 맺고 싶으면 부지런해야 한다. 자신의 시간을 효율적으로 관리하여 최대한 오프라인에서 이루어지는 각종 모임에 참여해야 한다. 오프라인상의 모임은 자신과 크게 관련이 없더라도 참여가 가능한 모임들이 많다. 예를 들면 팬클럽, 취미모임, 후원회, 평생교육 기관에서 이루어지는 각종 교육 프로그램, NGO 단체, 정당, 공청

회, 각종 협회나 연합회, 학습동아리, 종교 활동, 여행사에서 모집하는 패키지여행, 단골 거래처, 자원 봉사 등에 참여해 보자. 다양한 분야에 몰라보게 많은 인맥이 생길 것이다.

° **좋은 일에는 꼭 참여하기**

삼성경제연구소가 운영하는 '세리CEO'에서 회원들을 대상으로 조사한 결과 역시 CEO가 될 수 있는 최고 덕목으로 '대인지능'이 꼽혔다. 한마디로 인간관계를 잘 맺어야 직장 내에서 성공할 수 있다는 얘기다. 실제 장수 임원, CEO의 특징은 회사 내에 적(敵)이 없다는 점이다. 그리고 임원이 돼서도 임직원, 거래처 주요 인사들의 경조사는 무슨 일이 있어도 챙겼다고 한다. 좋은 일에 참여가 조직원들로부터 신망을 이끌어 내고, 팀워크를 다지는 게 결국 경영 실적에도 반영된다는 설명이었다. 우리나라 사람들에게 좋은 일에는 다른 모임과 비교하여 각별하게 생각하므로 좋은 일에는 꼭 참석해야 한다. 그리고 기쁠 때 찾아오는 사람은 전부 기억이 안 나도 어려울 때 찾아온 사람은 다 기억되는 법이다. 이러한 맥락에서 어려운 사람들을 만나 그 일을 도와주자. 그러면 도움을 받는 사람이 평생 멘티나 추종가가 되는 등 좋은 인간관계를 맺을 수 있는 절호의 기회가 된다.

° **좋은 인맥을 위해 끈기 갖기**

좋은 인맥은 하루아침에 만들어지지 않는다. 후한(後漢) 말기 유비와 관우와 장비가 의형제를 맺고 무너져 가는 한(漢)나라의 부흥을 위해 애를 썼지만 기회를 잡지 못하고 허송세월만 보낸 채 탄식하였다. 유비는 그 이유가 유효적절한 전술을 발휘할 지혜로운 참모가 없었기 때문이었음을 깨닫고 유능한 참모를 물색하기 시작하였다. 그가 제갈량임을 알고 그를 맞으러 장비와 관우와 함께 예물을 싣고 양양(襄陽)에 있는 그의 초가집으로 갔는데, 세 번째 갔을 때나 비로소 만나 주었다. 이때 제갈량은 27세, 유비는 47세였다. 제갈량은 원래 미천한 신분으로 이곳에서 손수 농사를 지으면서 숨어 지냈다. 제갈량은 자기를 3번이나 찾은 유비의 지극한 정성에 대해 감격하면서 운명을 같이하였다. 그는 유비가 비록 3국을 통일할 수 없었다는 것을 알았지만 성의에 감동을 받아 운명을 맡기기로 한 것이었다. 이처럼 좋은 인연의 끈을 만들려면 포기하지 않고 도전하는 끈기를 지녀라. 그럼 하늘도 감동할 수 있는 좋은 인맥이 만들어질 수 있다.

77세 변화와 혁신

나누며 더불어
살아가는 삶

─────── 난 홍익뷔페를 하면서 식재료가 턱없이 없어지
는 것을 알고 직원들을 불러 모아 대놓고 말했다.

"여러분들이 집에 가져가는 것은 봐줄 수 있지만, 다른 사람
들에게까지 퍼다 주면 우린 망하고 맙니다. 우리가 같이 살아
야 하는 것 아니겠습니까?"

주변에서는 "어찌 그리 배포가 여장부냐?" 말하지만 가져가
지 말라 한다고 안 가져갈 것도 아닌데, 굳이 혼자 마음 졸이며
고민하느니 대놓고 '가져가더라도 너희 선까지만'이라고 말하니
나도 편하고 상대도 이해하는 듯 보였다.

그리고 지금까지도 어렵게 공부하는 학생들에게 장학금을 내
놓고 있다. 나도 자식을 키워 봤지만 부모 마음이야 다 같은 것
이 아니겠는가? 공부는 하고 싶은데 여건이 그렇지 못하다면
조금 더 여유 있는 사람이 도와주어야 한다고 생각한다.

인간은 혼자서는 살 수 없는 존재이며, 혼자서 모든 일을 다
할 수도 없다. 특히 현대 사회에서 세상과 담을 쌓고 산다는
것은 더욱 있을 수 없는 일이다. 사람들과 손을 잡고 서로의
부족한 점을 보완하며 서로 돕는다면 모두가 더불어 살아갈
수 있다.

마음의 문을 열고 조금만 더 상대를 이해하고 배려하는 마음이 있다면 더불어 잘 살아갈 수 있을 것이다.

거절은 정중하지만 단호하게

──────── 인간은 사회적 존재라고 말한다. 실제로 우리는 많은 사람들과 다양한 관계를 맺고 살아간다. 그런데 사람마다 저마다의 감정과 욕구, 이해 정도, 그리고 가치관이 다르기 때문에 긍정적인 관계도 있지만 부정적인 관계도 많다. 아마도 인간관계에서 가장 껄끄러운 부분 중 하나가 거절이 아닌가 생각된다. 거절을 잘하는 사람은 설득도 잘한다고 한다.

그런데 나는 남을 설득하는 데는 어느 정도 자신이 있지만 아직도 누군가의 청을 거절해야 할 상황에 처하면 이만저만 곤혹스러운 게 아니다. 물론 가능한 거절하지 않고 상부상조하면서 살아가는 것이 가장 바람직하다. 그러나 현실은 각자의 기준에 따라 허용할 수 없는 무리한 요구도 많기에 늘 '예스'만으로 살아가기란 불가능하다. 무리한 부탁을 해 오는 상대에게 분명하게 거절하는 것은 자신을 지키는 일이기도 하다.

그러나 사람들이 무리한 부탁인 줄 알면서도 선뜻 거절하지 못하는 까닭은 거절로 인해 서로 불편한 관계가 되지 않을까 하는 우려 때문이다. 때에 따라서는 한 번의 단호한 거절로 오랜 시간 쌓아 온 우호 관계가 단절되기도 하는데, 이 경우는 거절의 기술이 미흡했기 때문이다. 중요한 것은 얼마나 덜 불쾌하게 상대의 자존심을 지켜 주면서 거절하느냐이다. 그것은 상대에게 신뢰감을 주는 것이기도 하다.

비록 들어줄 수 없는 어려운 부탁이라도 우선은 진지하게 귀기울이는 마음가짐이 필요하다. 무안을 주면서까지 거절하게 되면 상대에게는 상처로 남을 수 있다. 특히 가까운 사이일수록 더 세심한 배려를 잊지 말아야 한다. 이쯤 되면 확실히 거절이 설득보다 훨씬 더 어려운 일이라는 점을 실감할 것이다.

가끔 주변에서 거절을 못하고 끌려 다니다가 낭패 보는 사람들을 볼 수 있다. 가장 대표적인 예가 빚보증일 것이다. 특히 IMF 한파 이후 빚보증을 잘못 섰다가 월급 압류는 기본이고 심지어는 가정 파탄까지 나는 경우도 주변에서 심심찮게 볼 수 있다. 오죽하면 옛말에 빚보증 서는 자식은 낳지도 말라고 했을까마는 어디 현실이 그런가.

사회생활을 하다 보면 께름칙하지만 보증을 서야 하는 경우도 더러 생긴다. 가까운 사이일수록 가능한 금전 거래는 피해야 하지만, 당장 아쉬우면 가장 먼저 손 벌리는 데는 어쩔 수 없이 가까운 사람이다. 그런 사이일수록 사실 돈 이야기를 꺼

내기란 참으로 곤혹스럽다. 이런 온정주의 때문에 거절을 못하고 결국 문제를 야기하고 만다.

나 역시 그런 경험을 한두 번 한 것이 아니다. 평소에는 서로의 허물도 주고받던 스스럼없는 사이라도 돈 얘기만은 주저하게 된다. 오죽했으면 나한테까지 찾아왔을까 싶었다. 하지만 그때는 나도 새로 시작한 사업으로 지금 압박을 받고 있던 터라 여력이 없었다. 무엇보다도 그의 사업은 이미 회생 불능 상태로 보였다. 나는 인내심을 가지고 열심히 그의 이야기를 들어 주었다. 마음 같아서는 당장이라도 밑 빠진 독에 물 붓는 그런 어리석은 일은 그만두는 편이 낫다고 말해 주고 싶었지만 참았다.

사람은 누구나 예기치 못한 상황에 이르면 평소와는 달리 민감해지기 마련이다. 더욱이 입에 올리기 어려운 돈 문제로 어렵사리 찾아온 사람에게 근엄한 표정으로 충고나 질책을 한다면 그야말로 불난 데 기름 붓는 격이다. 동냥은 못 주면서 쪽박까지 깨 버릴 수는 없지 않은가.

도저히 들어줄 수 없는 부탁은 먼저 적절한 이유를 들어 부드럽게 이해시킨 후 거절 의사를 밝히는 것이 오히려 그 사람을 더 위하는 길이 된다. 당장 어색한 분위기를 모면하기 위해 "한 번 생각해 보겠다.", "검토해 보겠다."는 식으로 여운을 남기면 상대방은 은연중에 기대하게 된다.

지나치게 정중하게 거절할 경우에도 상대방은 미련을 갖는다. 그러다가 결과가 자신의 생각과 다르면 섭섭한 마음에 화를 내기도 한다. 사람은 누구나 기대했던 일이 순간적으로 허물어지게 되면 걷잡을 수 없는 허탈감에 빠지게 된다. 결국 거절하는 것보다 더 나쁜 결과를 가져온다. 정중하지만 단호하게 거절하는 기술을 개발해 두어야 한다. 참으로 어려운 일이다.

비난이 아닌
애정 어린 조언을

─────── 사람은 누구나 다른 사람으로부터 칭찬받기를 원하고 자신의 진정한 가치를 인정받기를 원한다. 반면에 자신을 무시하거나 가르치려는 사람에게는 반발하게 된다. 허물없는 사이라 할지라도 상대의 자존심을 상하게 하는 비판은 신중을 기해야 한다. 직선적이고 노골적으로 상대의 결함을 꼬집기보다는 같은 말이라도 완곡하게 표현하는 것이 좋다.

부득이 비판해야 할 경우에는 둘만의 자리를 만들어 은밀하게 해야 한다. 공개적으로 상대의 결점을 지적하거나 제3자에게 들어 보라는 듯이 떠벌리면 상대는 모욕감을 느낀다. 상대가 친구나 사회에서 알게 된 지인일 경우에는 특히 주의를 기울여야 한다. 지적 사항이 상대의 프라이버시에 관련된 문제 역시 신중을 기해야 한다.

비판이나 충고는 기본적으로 상대에 대한 애정과 신뢰에서 비롯된 것이다. 관심과 애정이 없다면 무슨 일을 하든 상관하지 않으면 그만이다. 그러나 이런 좋은 의도가 방법상의 실수로 인해 돌이킬 수 없는 결과를 가져오기도 한다. 도움을 위한 충고가 당사자에게는 얼마든지 상처로 남을 수 있다. 따라서 먼저 적당한 분위기를 조성하고 부드럽게 받아들일 수 있는 여건을 만든 후에 운을 떼야 한다.

물론 경우에 따라서는 공개적인 비판이 상대에게 자극제가되어 더욱더 분발하는 계기가 될 수도 있다. 그러나 그보다는 실추된 명예로 인해 심각한 패배감을 느끼는 경우가 더 많다. 자존심이 강한 상대일수록 극단적인 방법을 택하기도 한다.

진정한 비판은 정확하고 객관적인 분석을 통해 문제점을 지적하는 것이어야 한다. 상대가 자청해서 충고나 조언을 의뢰하는 경우도 있는데, 이때는 두 가지 방법을 취할 수 있다. 첫 번째는 상대의 이야기를 듣기만 하면서 스스로 문제를 매듭짓게 유도하는 방법이고, 두 번째는 다 듣고 난 후에 적극적으로 자신의 의견을 피력하는 방법이다.

전자는 상당한 인내심을 필요로 한다. 또한 상대에게 자칫 무심하다는 인상을 줄 수도 있다. 후자의 경우에는 조언자에게 더 적극성을 부여하지만 한편으로는 오해의 소지도 있고 잘난 척한다는 인상을 줄 수도 있다. 그야말로 고민은 고민대로 들어 주고 섭섭하다는 말을 듣게 된다. 상대의 이야기를 듣고 나서 면전에서 "넌 정말 문제가 많아.", "내 그럴 줄 알았다."는 식으로 말한다면 상대는 수긍하기 이전에 불쾌해진다.

나는 사회 활동을 많이 하는 편이고 때로는 단체의 장(長)을 맡기도 한다. 그러다 보니 자연스레 다양한 사람들을 만나게 된다. 이들 사회단체는 기본적으로 회원 상호 간의 화합과 친목을 바탕으로 사회에 봉사하는 것을 목적으로 삼고 있다.

하루는 후배가 자신의 문제를 내게 상의해 왔다. 나를 잘 따르는 후배이고 나 역시 그의 됨됨이를 높이 평가하던 터라 기꺼이 응해 주었다. 그를 아끼는 마음에서 평소에 아쉽게 생각하던 부분도 이번 기회에 일러 주겠다고 마음먹었다. 그런데 나의 괄괄한 성격 탓에 시간이 지날수록 분위기는 점점 험악해졌다.

이런 경우 비난하기 전에 그의 장점과 성실함을 섞어 가면서 이야기했어야 했다. 익히 알던 것인데도 막상 눈앞에 닥치니 그게 잘 안 되었다. 애정 어린 조언을 구하려 했던 그 후배는 적잖이 당혹해하는 눈치가 역력했다. 속으로는 된통 걸렸구나, 하며 도망갈 궁리를 하고 있었을 것이다.

결점이란 자기 눈에는 쉽사리 보이지 않는 법이다. 그런데 상대가 자신의 결점을 족집게처럼 집어내면 한편으로는 불쾌하고 모욕감을 느끼게 마련이다. 이 때문에 상대를 비평할 때는 지나치게 간섭한다는 인상은 주지 말아야 한다. 허심탄회한 사이일지라도 가능한 개인 생활을 침해하는 비판이나 충고는 하지 않는 것이 좋다.

예를 들어 금연이나 다이어트 같은 문제도 그렇다. "너 일찍 죽으려고 작정했냐!", "제 몸무게도 조절 못하는 주제에 무슨 일을 하겠냐!" 좋은 마음에서 한 충고이지만 받아들이는 입장에서 보면 자존심을 팍팍 긁어 놓는다. 이후 뱉어 놓은 말을 수습하려고 별짓을 다 해도 이미 언 발에 오줌 누기다. 평소에 자신이 개선해야겠다고 여겼던 문제점도 다른 사람을 통해 듣게 되면 기분 상하는 것이 인지상정이다.

인간은 자생적으로 보수적이라고 한다. 급격한 변화에 직면하면 자동적으로 보수적이 된다. 자신을 바꾸고 싶어 하지 않고 또 쉽게 바꿔지지도 않는다. 자기 의견을 선뜻 수정하는 사람도 드물고, 자신의 신념이나 의견을 바꾸게 하려는 제안에 대해서도 본능적으로 거절하려 든다. 따라서 자신과 다른 의견을 가지고 있는 사람에게 마음을 열기란 더더욱 어렵다.

편견으로부터
달아나기

────────── 나는 모든 인간관계의 기본은 사람을 소중하게
여기는 마음이라고 생각한다. 이 말은 한 사람을 있는 그대로
인정해 주는 것에서 출발한다. 그러나 우리는 살아가면서 셀
수 없이 많은 편견과 선입견, 그리고 아집에 사로잡혀 일을 그
르친다. 원래 사람은 남에게는 엄격하면서도 자신에게는 너그
럽다.

누구나 자신의 의견에 정당성을 부여하고 싶어 한다. 사물을
대할 때도 자신이 가지고 있는 지식을 바탕으로 단정적인 판단
을 내린다. 사람을 대할 때도 마찬가지이다. 다른 사람을 선뜻
받아들이기도 어렵고, 한 가지 특징만으로 전체를 판단하기도
한다. 상대를 설득하기 위해 대화를 시작하면서 미리부터 어떤
편견이나 선입견을 가지고 임한다면 시작부터 문제를 안고 가
는 것이다.

선입견이란 어떤 대상에 대하여 이미 마음속에 가지고 있는
고정적인 관념이나 관점을 말한다. 이를테면 개인이 가지고 있
던 사고방식이나 개인의 고집이라고 할 수 있다. 그런가 하면
편견이란 공정하지 못하고 한쪽으로 치우친 생각을 말한다. 실
제로 우리 주변에는 수많은 선입견과 편견들이 자리하고 있다.

가장 비근한 예로 숫자 4에 대한 선입견을 들 수 있다.

우리 문화에서 4는 죽음을 연상하는 불길한 숫자이다. 4에 대한 기피 현상은 어찌나 뿌리 깊고 관성화되어 있는지 웬만한 빌딩에는 아예 4층이 없다, 사실 4에 대한 선입견은 한자 '死(죽을 사)'자와 소리가 같은 데서 유래했다. 엄밀하게 따지면 이 둘은 아무런 연관성이 없다. 하나는 아라비아 숫자이고 다른 하나는 한자인데도 단지 소리가 같다는 이유만으로 오래도록 외면당해 왔다.

나 역시 예외가 아니어서 염색을 하거나 요란한 복장을 한 젊은이들을 보면 유행에 민감하고 개성이 강하다는 생각 이전에 불량하고 불성실할 것 같다는 선입견이 앞선다. 귀에다 서너 개씩 구멍을 뚫은 젊은이를 보면 솔직히 부정적인 생각이 드는 것 또한 사실이다. 그런 젊은이들이 모두 불량하지는 않을 텐데 말이다.

'대머리는 공짜를 좋아한다.'는 식의 외모에 대한 선입견, '서울 사람들은 약삭빠르고, 충청도 사람은 느리다.'는 편견 등 우리 사회에 존재하는 편견과 선입견은 무수히 많다. 사소한 것을 보고 함부로 사람을 평가해서는 안 된다. 섣불리 사람을 판단하거나 편견을 갖게 되기 때문이다.

우리는 살아가면서 많은 사람을 만나게 된다. 그리고 때로는 조급한 판단으로 소중한 인연을 잃어버리기도 한다. 편견을 없

232   77세 변화와 혁신

애기 위해서는 그 사람의 소소한 부분까지 꿰뚫어 볼 수 있는 통찰력이 필요하다. 특히나 요즘처럼 다양한 가치관이 공존하는 사회에서는 일방적인 잣대로 재단하다가는 자칫 낭패 보기 십상이다.

"암탉이 울면 집안이 망한다."라는 속담이 있다. 이 역시 여성에 대한 오래된 편견 중의 하나이다. 그러나 근래에 와서는 우리 정치 현상만 봐도 이런 편견이 깨지고 있다. 각 분야에서 여성들이 두각을 나타내고 있고, 뛰어난 여성 인력을 확보하는 것이 기업의 경쟁력으로 인식되는 시대가 되었다. 나를 비롯하여 우리 사회에 만연한 편견을 바로잡아야 올바른 판단이 가능하다.

그런데 편견에 사로잡힌 사람들은 내 방식만을 고집하고 남의 비판에는 귀 기울이려 하지 않는다. 자신의 판단이 비뚤어진 줄도 모르고 끝까지 자기주장만 옳다고 고집한다. 우리는 남을 평가하기 이전에 자기 자신을 공평하게 판단하는 눈이 필요하다. 감정에 치우지지 않고 객관적으로 스스로를 평가할 수 있을 때 비로소 남을 제대로 평가할 수 있다.

그러자면 상대와의 작은 차이도 솔직하게 받아들일 수 있는 유연한 사고를 가져야 한다. 그 차이를 즐길 정도로 여유를 갖게 되면 사람과 사람 간에 좋은 만남이 이루어질 것이고, 또 오래도록 지속될 것이다.

제8장

시간 관리의 노하우

우리는 하루 중 잠자는 시간을 빼면
반 이상의 시간을 자신이 근무하는 직장에서 보내고 있다.
그처럼 많은 시간을 보내는 직장에서 어떻게 일을 하고,
어떻게 시간을 보내면 후회 없는 직장 생활을 할 수 있을까?
시간 관리란 똑같이 주어진 시간을 효율적으로 활용하여
더 많은 시간처럼 사용하는 것을 말한다.
시간은 성공을 단축시켜 주는 중요한 역할을 수행함에도
평소에는 시간의 소중함을 평소에는 인식하지 못해
시간을 소홀하게 보내는 경우가 많다.
따라서 평소에 생활습관을 바꾸어 시간의 소중함을 느끼고
효율적으로 활용한다면 성공으로 빠르게 나아갈 수 있을 것이다.

주어진 시간을
알뜰히 활용하는 법

──────── 시간이란 한번 지나면 다시는 돌아오지 않는 것이므로 항상 신중히 생각하여 행동해야 한다. 우리는 시간의 중요성에 대한 말들을 주변에서도 흔히 접할 수 있다. 그 대표적인 예로, "시간은 금이다.", "하루 5분이면 인생이 바뀐다.", "하루하루를 우리의 마지막 날인 것처럼 보내야 한다.", "세월은 화살과 같이 지나간다." 등 하루하루를 의미 있게 보내라는 뜻이 대부분이다.

이처럼 시간이 소중한 것은 분명 시간이 우리 인생에서 가장 가치 있는 자산 중의 하나이기 때문이다. 이렇게 소중한 자산을 최대로 활용하기 위해 우리는 미친 듯이 달려들어 '빨리빨리'를 외쳐댈 수밖에 없다. 심지어 시간을 절약하려면 두세 가지 일을 한꺼번에 하라는 금언까지 있다. 그러나 아직도 많은 사람들이 한 번에 한 가지만을 위해 최선을 다하라고도 한다.

안타까운 것은 시간은 한 가지에 최선을 다할 시간적 여유를 주지 않는다는 것이다. 혼자서 온 세상과 인연을 끊고 느림의

미학을 즐기는 생활을 할 수는 있다. 세상이 아무리 빨리 변해도 여유 있고 느긋하게 시간을 보낼 수 있다. 그러나 다시 사회에 돌아온다면 엄청난 문화적 충격을 감수해야 할 것이다.

또한 세상의 빠름을 비웃으며 살아갈 수는 있다. 그렇게 해서 그들은 느린 삶에 행복감을 느낄 수는 있을지 몰라도, 결코 세상을 장악하는 빠름을 이길 수는 없다. 그들은 빠름을 이긴 것이 아니라 그저 빠름을 피해 숨어 버린 것일 뿐이기 때문이다. 세상이 복잡해질수록 개인의 역할이나 지위가 높아질수록 본인의 의사와는 상관없이 스케줄이 생기고 일이 발생한다. 멀티플레이어는 여러 가지 분야에서 지식을 갖거나 다양한 업무를 할 줄 아는 사람이다. 따라서 시간 관리를 잘해야 그 많은 일들을 차근차근 진행할 것이다.

시간 관리를 잘못하여 시간이 부족한 상태에서 성공한 사람이 된다는 것은 도전은 하지 않고 마음만 성공하기를 원하는 것과 같다. 지금까지 성공한 사람들을 보면, 시간 관리에서 성공한 사람들이 대부분이다. 그들은 시간 관리를 통하여 남은 시간을 자기 계발하는 데 재투자함으로써 성공하였다.

성공적인 시간 관리란 자신에게 주어진 시간들을 면밀히 분석하여 쓸모없는 곳에 시간을 낭비하지 않으며, 기존의 시간 사용 습관에 대하여서도 최소한의 시간으로 최대한의 효과를 보기 위하여 최대한 노력하는 것이다. 또한 아무리 바빠도 자

77세 변화와 혁신

기 개발을 위하여 자투리 시간을 모아서 사용하는 멀티 플레이어가 되었다.

일본 사람들을 보면 바쁜 출퇴근길에서도 자신이 세운 소기의 목적을 달성하기 위하여 기차나 전철 안에서도 독서를 한다. 성공하고자 하는 사람들은 평소에도 열심히 사는 사람들이다. 학생들은 학교를 다니면서 자투리 시간을 모아 공부를 하고, 직장인들은 직장이 끝나는 시간부터 잠을 줄여 가며 자신의 성공을 위하여 노력한다.

자기계발을 위해 시간을 내는 것에 대하여 사람들은 바쁘다는 핑계를 댄다. 그런데 역설적으로, 바쁘다고 이야기할 수 있다는 것은 그만큼 여유가 있다는 것이다. 진정으로 바쁜 사람은 바쁘다는 생각을 할 수 없을 만큼 바쁘기 때문이다. 하루를 돌이켜 보고 내가 활용할 수 있는 자투리 시간이 얼마나 많은가 생각해 보자.

버스나 전철 안에서도 공부를 하는 것이다. 연습이 되지 않은 사람은 혼란스러워서 하기 힘들지도 모른다. 만화책이라도 보는 연습을 통해서 습관이 되면 버스나 전철 안은 나의 독서실이 된다. 손수 차를 몰고 다니는 사람은 영어 테이프나 MP3에 영어를 담아 들어 보자. 아무 생각 없이 운전하는 것보다 훨씬 효율적일 것이다. 식사를 할 때도, 걸어 다닐 때도, 화장실에 가서도 막연한 상상만 할 것이 아니라 자투리 시간을 어떻게 활용하면 좋을지를 고민해 보라. 그리고 자리에 앉기만 하면 바로 공부해 보라. 이미 무엇을 할지 얼마나 할지를 생각하였기 때문에 밀도 있게 공부를 할 수 있다. 그럼 하루 24시간이 길다는 생각과 함께 시간이 남아돈다.

혼자서 공부하는 것이 어려운 경우는 학원을 수강해 보는 건 어떨까? 그리고 진도를 쫓아가면서 자신을 개발하기 위하여 노력해 보는 것이다. 그럼 아무것도 하지 않았던 때보다 훨씬 많은 것을 얻을 수 있다. 시간이 많다고 성공을 보장하는 것이 아니다. 다만 주어진 시간을 어떻게 하면 짜임새 있게 잘 사용하느냐가 성공의 관건이다.

블루오션과
레드오션의 기로에서

───────── 미래학자 엘빈 토플러는 지구촌은 이제 강자와 약자 대신 빠른 자와 느린 자로 구분될 것이라고 했으며, 포드 사의 도널드 패터슨 회장은 성공하는 기업과 낙오하는 기업을 구분하는 가장 중요한 척도는 시간에 대한 패러다임이라고 말했다. 20세기 기업의 패러다임이 '좋은 물건을 싸게'였다면 21세기는 '새로운 것을 빨리'로 바뀌게 되었다. 이제는 누구도 거

부할 수 없는 '스피드(Speed)' 시대가 되어 버린 것이다. 차와 사람, 컴퓨터, 기업 등 무엇이든 빨리 움직이고 빨리 받아들이고 더 빨리 움직여야만 대접받는 시대가 되었다.

한국인의 전통적인 느림과 여유의 미덕은 사라지고 빠름과 재촉이 지배하는 시대 속에서도 변화는 끊임없이 이뤄지고 있다. 하다못해 인생의 즐거움 중 하나인 식생활에서도 패스트푸드(Fast food)가 우리의 식탁에 자리를 잡아 가고 있다. 패스트푸드는 생산량과 속도를 최고시하는 현대사회를 상징하는 것 중의 하나가 되어 버렸다. 우리의 삶의 구조에서 시간을 아껴서 살라는 교훈을 주고 있는 것이다.

한때 통신수단이 편지밖에는 없던 시절이 있었다. 이때는 애써 고른 편지지에, 한 문장을 쓸 때마다 나름대로 아름다운 언어로 감동적인 글을 쓰기 위하여 밤새 공들여 편지를 썼다가 마음에 안 들면 찢고 다시 쓰곤 했다. 그러다 전화기가 나오면서 편지 보내는 일은 줄어들게 되었다.

인터넷 환경이 급속하게 발달하면서 이메일이라는 것이 생겨나 편지의 자리를 대신하게 되었다. 마치 이메일을 사용하지 않으면 무언가 세상의 변화에 역행하는 사람처럼 보여 서투른 솜씨로 메일을 보내기 시작하였다. 평범한 이메일을 거부하는 사람들을 위해 프로그램 안에 예쁜 편지지도 고를 수 있게 되었으며, 음악도 같이 나오고 동영상도 같이 보낼 수 있게 되었다.

이제 우리 국민 모두가 이메일이 주는 속도의 즐거움과 편리함에 잠시 도취되어 있는 사이에 핸드폰이 전 국민의 필수품으로 자리 잡으면서 어느새 문자 메시지가 소식을 전하는 대명사처럼 되어 버렸다. 신세대들은 바로 핸드폰을 통한 문자에 익숙해질 수밖에 없다. 점차 이메일 인구가 늘었던 속도보다는 핸드폰을 이용한 문자 이용 인구가 폭발적으로 늘고 있다. 요즘 젊은 세대들은 문자 메시지를 통하여 모든 의사를 전달하고, 사랑을 나누고, 지식을 나눈다.

처음에는 문자만 가능했는데 이제는 애니메이션, 배경 음악 등 모든 것이 다 들어 있다. 앞으로는 또 얼마나 빠르게 변화를 할 것인가? 오늘 내가 필요하다고 생각하면 내일 바로 상품화가 되는 시대가 왔다. 어쩌면 내가 필요하다고 생각했는데 이미 나와 있는 경우도 많다. 이처럼 세상은 생각할 기회마저도 주지 않고 빠르게 변하고 있다. 정말 어느 책의 제목처럼 머뭇거릴 시간이 우리에게는 없다는 것이다.

무슨 일이든 생각나면 바로 실행에 옮겨야 함을 의미하는 것이다. 따라서 남들보다는 빨라야 그 시장에서 블루오션의 기회를 누릴 수 있다. 남들보다 생각이나 행동이 늦으면 우리는 처절한 경쟁 시장인 레드오션에 빠질 수밖에 없게 된다. 우리는 가끔 세상의 때를 놓쳐 얻고자 하는 기회를 놓치는 경우가 많다.

급할수록
돌아가는 지혜

──────── 우리가 이렇게 성장하게 된 저력에 대하여 외국 사람들은 '빨리빨리 신화'가 있었기 때문이라고 한다. 조선 시대만 해도 여유로운 생활이 모든 것의 중심이라고 생각했던 사람들이 이처럼 빠른 것을 선호하게 된 것은 한편으로는 단기간에 이루어 낸 경제성장과 다른 한편으로는 속도를 강조하는 현대문명과 관련이 있는 것으로 생각된다.

농업 중심의 사회에서 공업 중심의 사회가 되는 데 다른 나라들은 백 년이 넘게 걸렸지만, 우리는 불과 40여 년밖에 안 걸렸다. 우리나라는 빠른 경제 성장에 주력했고, 이것이 우리나라 사람들에게 '빨리빨리'에 익숙하도록 했다. 여기에다가 속도와 효율성을 강조하는 현대문명이 '빨리빨리'를 부추겼고 일상화하는 데 기여했다.

이러한 변화는 패스트푸드의 확산, 고속도로의 과속주행, 빠른 컴퓨터의 경쟁적 구입, 곳곳에 들어서 있는 속성 학원, 읽는 데 시간이 오래 걸리는 책보다는 금방 읽을 수 있는 책, 오랜 시간을 들여 얻을 수 있는 것보다 적은 시간을 들여 빨리 얻을 수 있는 것을 더 선호한다. 그래서 우리는 어떤 일을 해도 빨리 끝낼 수 있는 것에만 집착하는 경향이 많다.

문제는 짧은 시간에 끝낼 수 있는 것 중에 희소성의 가치가 있는 것은 아무것도 없다는 것이다. 짧은 시간에 최대한의 효과를 볼 수 있는 것은 나만 관심을 가지고 있는 것이 아니라 모든 사람이 선택하는 것이기 때문이다. 사회적으로 위대한 성공을 한 사람들의 삶이 우리에게 줄 수 있는 교훈은 그들의 삶이 오랜 시간을 들여서 목표를 달성하였다는 것이다. 시간이 많이 걸리는 목표일수록 평범한 사람들이 접근하기 어려운 목표일 수 있다. 그렇기 때문에 희소성의 가치를 가진 성공한 사람이 될 수 있었던 것이다.

그러나 될 수 있으면 빨리 성공의 세계로 가야 하는 사람들은 조급함을 느낄 수밖에 없다. 그러다 보니 최단 시간에 성공하는 빠른 방법만을 찾는다. 이 세상에 빠른 방법으로 성공할 수 있는 방법은 로또밖에는 없다. 그 이외에는 목표를 세우고 그에 따른 강력한 추진의지를 가지고 실천하여야 성공한다.

우리 옛말에도 "급할수록 돌아가라."는 말이 있다. 이 말은 한마디로 급하다고 생각해서 서두르면 집중도 안 되고 능률도 오르지 않아 좋은 결과를 얻을 수 없음을 의미하는 말이다. 따라서 희소성의 가치가 높은 멀티 플레이어가 되기를 원할수록 처음부터 확실한 목표를 설정하고 그 목표를 달성하기 위해 철저하게 준비하며 실천하여야 한다.

시간 관리의 노하우,
우선순위 정하기

──────── 시간이 부족하다고 생각하는 사람들은 거의 모두가 할 일이 너무 많다는 불평을 한다. 그분들의 할 일을 잘 들어 보면 중요하지 않은 일임에도 불구하고 중요하다고 생각하는 경우가 많았다. 하지 않아도 될 일을 굳이 하면서 바쁘다는 것이었다. 이런 경우는 일의 우선순위를 결정하고 어떻게 정해야 하는지를 결정하면 쉽게 해결할 수 있다.

내가 하루에 해야 할 일들을 미리 적어 보고 그중에서 가장 우선시해야 할 일들을 순서대로 적어 보자. 그리고 하지 않아도 될 일이나 나중에 해야 할 일을 정해 보자. 그럼 시간을 효율적으로 사용할 수 있는 방법이 보인다. 이처럼 일을 할 때는 가장 효율적으로 진행할 수 있는 순서를 미리 정해 두는 것이 좋다. 미리 순서를 정해 놓고, 그 순서대로 일을 추진하면 확실하게 마무리 지을 수 있다.

이같이 했을 경우, 다음에도 같은 일이 벌어지면 일의 순서를 알고 있기 때문에 안심하고 쉽게 할 수 있다. 또한 지금 다른 일을 하고 있는 중에도 다른 일이 벌어져도 일을 정확하게 알고 있기 때문에 지금 하는 일에 열중할 수 있다. 그렇지 않으면 설령 한 가지 일을 끝냈다고 하더라도 다음에 무슨 일을 하면 좋을지 몰라 우왕좌왕하게 된다. 만약 예측불허의 긴급한 일이 발생했을 때는 지금 하고 있는 일보다 우선시해야 하는가를 생각해 보고, 막중하다는 판단이 들 경우에는 새 일에 착수하고, 그렇지 않을 경우에는 지금의 일을 지속한다.

사회 초년생이 아니면 어떤 일이든 어느 정도의 시간이 걸릴 것이라는 감은 잡을 수 있다. 따라서 너무 많은 시간이 걸리는 일은 되도록 시작하지 않는 것이 낫다. 너무 오래 걸리는 일에 너무 오랜 시간을 사용하는 것보다는 쉽게 할 수 있는 일을 여러 가지 해내는 것이 훨씬 효과적일 때가 많다.

그리고 자신이 감당하기 어려운 일을 누군가 지시하거나 부탁했을 때는 단호하게 거절해야 한다. 괜히 인간관계 때문에 자신의 능력에 벗어난 큰일을 하다가 오히려 지금까지의 좋은 관계에도 영향을 끼칠 수 있기 때문이다.

또한 하나의 일에 필요 이상의 시간이 들어가거나 앞으로도 무한한 시간을 들어야 한다는 판단이 들었을 때는 마음은 아프겠지만 이쯤에서 끝내자고 단념하는 것도 시간을 효율적으로 사용하는 방법 중의 하나이다.

시간의 소중함을 모르는 사람은 없을 것이다. 또한 어떤 일을 하든지 효과적으로 하고 싶지 않은 사람도 없을 것이다. 열심히 일하고 충분한 여가를 보내고 싶지 않은 사람도 없을 것이다. 중요한 것은 사회가 발전하면 할수록 시간을 줄여 주는 제도나 기계의 발명에도 불구하고 복잡하고 많은 일들이 생겨나 우리의 균형을 깨뜨리고, 시간을 빼앗고, 리듬을 잃게 한다는 것이다.

그러나 아무리 바쁜 생활을 하여도 업무 효율을 높이는 사람, 개인 시간을 확보하는 사람, 자기 계발에 시간 투자가 충분한 사람에게는 우리들이 알지 못하는 시간 관리의 노하우가 있다. 이처럼 시간 관리를 잘하면 중요한 일을 하기 위한 시간을 마련할 수 있고, 경영진이나 중간 관리자로서 업무를 처리하기 위한 시간을 마련할 뿐만 아니라, 절대 소홀히 할 수 없는 사생활을 위한 시간과 가족을 위한 시간을 마련할 수 있다.

시간을 효율적으로 사용하는 방법

─────── "어느 누구나 실패하기 위해 계획을 세우진 않지만, 실패하는 사람들은 단지 계획을 세우는 데 실패하기 때문이다."라는 말이 있다. 이는 계획을 세우지 않기 때문에 실패한다는 의미이다. 따라서 시간을 효율적으로 관리하기 위해서는 시간 계획을 잘 세워야 한다.

사람들은 쉬운 일과 어려운 일이 있으면 쉬운 일을 먼저 하려

는 속성을 가지고 있다. 그러나 쉬운 일을 먼저 하면 일의 속도
는 붙지만 나중에 어려운 일들이 기다리고 있다는 부담감을 가
지고 있다. 또한 일을 시작할 때는 저력이 충분하지만 시간이
지나면서 피로 또한 증가하여 일이 잘 진행되지 않는 경우가 많
다. 따라서 어려운 일을 가장 먼저 하면 여력이 있어 쉬운 일들
을 해나갈 수 있는 능력이 생긴다.

일을 계획적으로 실천하기 위해서는 무엇보다도 시간 계획표
를 철저히 세우는 것이 중요하다. 일 년 시간 계획표는 새로운
한 해를 시작하는 데 있어서 무슨 일에 집중해야 하는지를 결정
할 수 있게 해 주는 유용한 도구가 되어 줄 것이다. 만일 일 년
이 너무 길다면 한 달 시간 계획표를, 한 달이 길다면 일주일
시간 계획표를, 그리고 일주일이 길다면 하루 시간 계획표를
만들어 보자. 하루하루가 다르게 보일 것이다.

일을 못하는 사람의 특징 중에 하나는 닥치는 대로 일하는 습
관을 가진 사람이라고 한다. 이처럼 생각나는 대로 일하는 것
은 그다지 현명한 방법이 아니다. 사람은 시간대에 따라 정신
집중이 잘되는 시간이 있다. 예를 들어 새벽에 정신 집중이 왕
성한 사람, 아침, 점심, 저녁, 심야에 왕성한 사람들이 있다.
정신 집중이 잘된다는 것은 그만큼 일을 하는 데 능률이 높은
시간이 있다는 것이다. 일의 능률이 오르지 않는 시간에 정신
집중이 필요한 일을 하려고 하면 오히려 일이 잘 처리되지 않는

경우가 많다. 따라서 정신 집중이 잘되는 시간을 선택하여 집중해야 하는 일을 해 보자.

성공으로 가는
시간 관리법

──────── 성공으로 가는 가장 기본적인 자세는 지금 해야 할 일은 바로 하는 것이다. 일을 잘 못하거나 일의 속도가 늦은 사람은 지금 해야 하는 일인데도 불구하고 바쁘다는 이유로 차일피일 미루는 사람들이다. 어차피 지금 시간이 부족하다면 나중에도 마찬가지다. 시간을 미루다 보면 자연적으로 미루어진 해야 할 일을 잊어버려서 못하는 경우도 있고, 결국 시간에 쫓겨 대충해 버리는 경우가 많다. 결국은 미루는 습관 때문에 자신의 능력이 부족하거나 성실하지 않은 사람으로 인식받기 쉽다. 그렇다면 이외에도 성공으로 가기 위한 시간 관리법에는 어떤 것들이 있을까?

° **인맥으로 빠르게 일 처리하기**
　일을 잘 못하는 사람일수록 자신이 혼자 모든 일을 한다. 물론 개인적인 능력이 있어서 완벽하게 처리할 수 있지만 신속하게 일을 처리하기는 어렵다. 그러나 능력 있는 사람들은 자신의 일을 분야별로 나누어 그 분야의 전문 인력을 활용하여 일을 수행해 나간다. 나중에 일을 수합하여 정리하는 시간을 가져야 하지만, 빠르고 광범위하게 진행할 수 있다는 장점이 있다. 따라서 훌륭한 여성 리더는 자기 인맥을 잘 활용해서 자신의 일을 빠르게 해결할 수 있는 능력을 가지게 될 것이다.

° 일할 때는 일에만 신경 쓰기

시간 관리의 기본은 일에 대한 집중력이다. 일을 못하는 사람일수록 일에 집중하지 않기 때문에 시간도 많이 걸리지만 건성으로 하게 된다. 그러나 일을 잘하는 사람일수록 일에 집중하여 처리하므로 시간이 절약됨은 물론 일을 완벽하게 수행할 수 있다. 이런 경우 해야 할 일의 리스트를 메모하여 책상 앞에 붙여 놓는 것도 좋은 방법이다. 남들이 자주 와서 방해하는 경우 붉은 깃발과 녹색 깃발을 사용하는 것도 권할 만하다. 바쁜 시간에는 붉은 깃발을 꽂아 남들에게 방해하지 말라는 표시를 하자.

° 통화 시간 줄이기

요즘 통신기기의 발달과 함께 전화로 많은 일들이 진행된다.

77세 변화와 혁신

특히 핸드폰의 전 국민 보급화 현상에 따라 수시로 전화가 걸려와 오히려 일을 하는 데 방해가 되는 경우가 많다. 모든 일을 정지하고 전화만 받게 되면 손해가 이만저만이 아니다. 따라서 일하는 도중에 전화가 오면 최소한의 통화만 하고 다시 일에 집중해야 일을 잘 진행할 수 있다. 통화를 빨리 끝내고 싶으면 앉아서 하지 말고 서서 통화해 보자. 그럼 통화를 빨리 끝낼 수 있다. 중요하지 않은 일이라면 일을 하지 않을 때 한데 모아서 짬짬이 시간을 내어 전화를 해 보자. 식사하러 가는 도중, 식사를 기다리는 도중, 화장실에 가는 도중, 화장실에 있는 동안 남에게 피해를 주지 않는 범위에서 전화를 해 보자. 그러면 일부러 일하는 시간을 버리고 전화를 하지 않아도 된다.

° 이메일 확인하고 신문 읽기

인터넷의 발달로 인해 전화로 해결할 일을 이메일로 해결할 수 있게 되었다. 이메일은 기록으로 남는다는 장점과 함께 언제든 다양한 자료를 공유할 수 있다는 장점이 있다. 그래서 현대인은 적게는 한 개 많게는 10개 이상의 이메일을 관리하기도 한다. 그러나 이메일이 많이 오는 사람은 습관적으로 이메일을 확인하는 데 드는 시간이 만만치 않다. 이메일을 확인하는 시간이 하루에 얼마 되지 않는다고 생각할지 모르지만 모아 보면 매우 많다. 따라서 이메일을 확인할 때는 시간을 오전 출근해서, 점심 식사 후, 저녁에 퇴근할 때 등 3번 정도 하는 것이 좋다. 또한 현재 자신의 업무와 관련된 것을 제외하고 '편지함'을 모두 비우면 중요한 정보를 관리하는 데 도움이 된다.

° **일 단순화시키기**

똑같은 일을 반복적으로 하다 보면 습관이 되어 빨리 할 수 있는 능력이 생긴다. 그런 사람들을 '생활의 달인'이라고 한다. 생활의 달인이 된 사람들은 매일 하는 일들을 어떻게 하면 빨리할 수 있을까를 고민하였기에 가능한 것이다. 자신에게 매일 반복되는 일들을 줄이거나 단순화해 보라. 정해진 시간에 예전보다 더 많은 일을 할 수 있으며 시간이 남아돌 것이다.

° **완벽주의에서 벗어나기**

일을 완벽하게 하는 것은 정말 바람직한 일이다. 문제는 완벽해지기 위해서는 많은 시간이 필요하다는 것이다. 따라서 모든 일을 완벽하게 진행하려면 최선의 노력을 기울어야 할 뿐 아니라 시간적으로도 많은 투자를 해야 한다. 그러다 보면 많은 일을 진행하기는 어렵다. 한 가지 일을 해야 할 때는

77세 변화와 혁신

어쩔 수 없겠지만 많은 일을 해야 할 경우에는 완벽주의에서 벗어나 우선은 대충이라도 시작하여 일을 해결하려는 노력을 해야 한다. 그렇지 못하면 한 가지 일밖에는 완수하지 못하는 경우가 발생할 수 있다. 심한 경우에는 그릇된 '완벽주의'가 일의 진행을 방해하기도 한다. 한 가지 일에만 매달려 시간을 보내다 보면 다음 일을 추진하지 못하고, 결국에 가서는 어느 것 하나도 제대로 해내지 못하게 된다.

° 뜸 들이지 말기

매일 아침 사람들은 회사에 출근하면 바로 일을 시작하기보다는 인사와 함께 차 한 잔을 마시면서 업무를 시작한다. 차를 마시면 '오늘은 무슨 일부터 시작할 것인가? 언제 일을 마쳐야 할까?'를 고민하게 된다. 그러나 출근해서 결정하기보다는 출근하는 도중에 오늘은 회사에서 무슨 일을 어떻게 할까를 결정하고 출근하여 앉자마자 일을 처리할 수 있다면, 자연히 자유롭게 사용할 수 있는 시간도 훨씬 많아진다.

제9장

호감을 주는 인상의 비밀

"좋은 얼굴은 추천장이며 좋은 마음은 곧 신용장이다."

영국의 정치가이자 소설가 리튼이 한 말이다.

여기서의 좋은 얼굴이란 '첫인상'을 의미한다.

사람들은 처음 만나서 눈 깜박하는 사이에 사이에 얼굴 표정과 외모,

말 한마디를 통해서 상대방을 평가하게 된다.

표정과 외모가 비록 그 사람의 모든 것을 나타내거나 결정짓는 것은 아니지만

사람들은 우선 얼굴 표정과 외모를 보고 판단하는 경향이 많고,

또한 깨끗하고 청결한 사람은 어디서나 환영받기 때문일 것이다.

나의 가치를
표현하는 시대

————— 혹시 당신은 어디에 가든지 뒷좌석, 눈에 잘 띄지도 않는 후미진 곳을 찾거나, 내 모습이 가능한 한 보이지 않기를 바라지는 않는가? 어두운 곳이 더 편하지는 않는가?

요즘 사회는 자기를 드러내 놓고 당당하게 표현하는 것을 더 좋게 생각한다. 정보의 홍수 속에서 '나'를 상대에게 인지시키는 것은 매우 중요한 일이다. 사람에게는 누구나 특별한 장점이 있으나 그런 장점들이 상대에게 곧바로 전달되는 것은 아니기 때문에, 자신이 가진 장점들을 최대한 효과적으로 발휘하는 것이 중요하다.

아무리 뛰어난 실력과 경력을 가졌다 하더라도 상대가 알아주지 않으면 쓸모가 없다. 가만히 앉아 누군가 나를 알아주기만을 기다려서는 어디에서나 성공하기 어렵다. 가능하면 자신의 능력을 보다 효율적이고 최대한으로 발휘할 수 있어야 한다. 그렇다고 지나치게 포장하거나 과장하라는 것은 아니다.

사회생활에서 성공하려면 자신이 지닌 장점을 최대한 활용할 수 있어야 한다. 장점 자체도 중요하지만 그보다도 장점을 상대방에게 어떻게 알리느냐가 더 중요하다. 그러나 이 점은 그리 쉬운 일은 아니다. 나 자신을 제대로 표현하기 위해서는 자신을 철저히 분석해서 장점은 부각시키고 단점은 보완해야 한다.

사람들은 자신의 목표에 대해서는 매우 열심히 연구한다. 누군가를 설득하기 위해서 어떤 방법이 가장 효과적인가를 연구한다. 그러나 가장 중요한 자신을 어떻게 상대에게 어필할 것인가에 대한 연구에 대해서는 소극적이다.

무엇보다도 나를 상대에게 성실한 인상으로 심어 주는 것은 능력 있는 사람으로 보이는 것보다 훨씬 더 강한 흡인력을 가진다. 성실함이 사회생활에 가장 필수적인 요소이기 때문이다. 그렇다고 해서 나의 성실함을 가식으로라도 보이라는 것이 아니다. 자신의 가치를 개발하고 노력해서 상대에게 보여 주라는 것이다. 성실함이 살아남을 수 있는 시대가 된 것이다.

이미지 메이킹의
필요성

───────── 21세기는 이미지 시대이다. 이에 따라 사회에서 보다 좋은 이미지를 많이 구축하는 사람이 성공하게 되었

다. 이에 따라 우리가 원하는 이미지를 스스로 조절함으로써 목표를 실현하게 해 주는 이미지 메이킹의 중요성이 부각되고 있다.

이미지 메이킹은 자신의 이미지를 다른 사람에게 언제 어디서든 그 상황에 필요한 사람으로 만들어 주고 그 능력을 배가시켜 주는 것이며, 더 나아가 개인의 내면에 잠재되어 있는 능력을 밖으로 표출시켜 줌으로써 활동력 있고 자신감 있는 사람, 호감을 주는 상품, 조직으로 보이게끔 하는 것을 말한다.

좋은 첫인상을 가진 사람에게는 다가서기가 쉽고 편하지만, 첫인상이 좋지 않은 사람에게는 다가가려고 하지 않는다. 더욱 상대방의 기억 속에서 안 좋은 사람으로 기억될 것이다. 그러한 편견을 다시 바꾸려면 많은 노력과 시간이 필요하거나 또는 전혀 효과를 보지 못할 수 있다.

따라서 모든 사람들에게 따뜻하고 편안한 첫인상을 주기 위해서 자신의 외모와 말씨 행동들을 생각해 개선점을 찾아 실천하도록 노력하여야 한다. 아주 짧은 시간에 자신의 첫인상을 좋은 방향으로 PR할 수 있는 사람이야말로 진정한 성공을 준비하는 사람일 것이다. 자신의 이미지는 다른 사람들의 좋은 이미지를 따라 한다고 해서 되는 것이 아니고, 억지스레 짓는 미소도 자신의 이미지가 될 수 없다. 자신의 이미지를 찾는 일은 자신의 외모 또는 성격과 자신의 노력 여하에 달려 있다.

좋은 인상을 갖기 위해서는 생활 습관으로 굳어지기 전까지 지속적인 마음의 훈련을 통해서만 도달할 수 있다. 마음의 훈련이란 항상 좋은 것만 하려고 하고, 아름다운 것만 보려고 하고, 즐거운 것만 생각하고, 긍정적인 것을 주로 생각하는 마음 자세를 말한다. 좋은 인상을 갖기 위해 다음과 같은 방법을 실천해 보는 건 어떨까?

° TPO에 맞게 입기

옷은 잘 입으면 인상을 좋게 하나 잘못 입으면 상대방의 감정을 부정적으로 만들 수 있다. 따라서 만남의 TPO(시간, 장소, 상황)에 맞게 입어야 한다. 때에 따라서는 과도하게 차려입는 옷차림이 어울리지 않을 수도 있다.

° 상대방의 눈을 보며 대화하기

우리는 눈을 마주치며 이야기하는 것이 익숙하지 않다. 상대가 윗사람이나 이성일 때는 더하다. 첫인상을 좋게 하기 위해서는 만나서 헤어질 때까지 상대방의 눈을 보며 대화해야 한다.

° 악수할 때 3초 정도 잡기

만났을 때와 헤어질 때 악수를 하면서 마음을 전한다. 악수를 할 때도 상대방의 눈을 보면서 상대방에 대한 신뢰감과 편안함을 주도록 해야 한다. 따라서 손을 잡을 때도 정성스럽게 잡고 따스한 마음이 전달되도록 3초 정도 잡는다.

° 상대방에서 자주 미소 짓기

우리는 사람들과 인사할 때 무표정하게 하는 경우가 많다. 성공적인 만남을 하려면 인사할 때나 대화할 때 자주 미소를 지어서 상대방이 호의를 갖도록 해주어야 한다.

° TPO에 맞게 향수뿌리기

짙은 화장과 진한 향수는 상대방에게 거부감을 줄 수 있다. 따라서 나만의 개성 있는 모습과 체취와 잘 녹아든 은은한 향기는 남녀를 불문하고 한 번 더 돌아보게 만드는 힘이 있다.

좋은 표정을 위한 자기 관리

———— 혼자 타고 있는 엘리베이터 안에 험한 표정을 한 사람이 탔다면 같이 있는 동안 두려움에 떨 뿐만 아니라 엘리베이터에서 빨리 나가고 싶은 생각이 들 것이다. 호감이 가

는 표정을 가진 사람이 타면 엘리베이터 고장이 나서 멈추기를 바랄 것이다. 이처럼 호감 가는 밝은 표정을 가진 사람의 주변에는 사람이 모여드나, 나쁜 표정을 가진 사람에게는 와 달라고 쫓아갈지라도 도망가고 모이지 않는다.

자연히 표정에 따라 행운의 기회도 공평하게 차별적으로 적용된다. 결혼상담소를 찾는 사람들이 사진에서 배우자감을 고를 때 가장 선호하는 유형은 명랑하고 밝은 표정을 가진 얼굴이라고 한다. 아무리 잘생긴 얼굴이라 할지라도 얼굴에 그늘이 스치거나 신경질적인 표정으로 보이면 인기가 없다고 한다. 호감 가는 밝은 표정은 마음가짐의 표현이기 때문에 하루아침에 만들어질 수도 있지만 지속적으로 좋은 표정을 가지려면 날마다 자기 관리가 필요하다. 좋은 표정을 위한 자기 관리는 다음과 같다.

° 푹 자고 일어나기

하루의 얼굴은 전날 밤부터 만들어진다. 푹 자고 일어난 얼굴에는 건강하고 밝은 표정이 감돈다. 그러나 과음을 했거나 푹 자지 못한 얼굴은 피곤해 보이고 어둡다.

° 잠들기 전 마음 정리하기

불쾌한 일을 당했거나 미워하는 사람이 생기면 잠들기 전에 마음을 정리해야 한다. 그렇지 않으면 얼굴이 굳어지게 된다. 마음을 아프게 하는 일이 있다면 부정적인 쪽보다는 희망적인 쪽으로 생각도록 한다. 예를 들면 "더 나쁜 일이 생길 걸 이걸로 때웠다."고 생각하자. 이렇게 하루하루 마음을 정리하고, 새로운 출발을 한다면 얼굴은 항상 빛이 날것이다.

° **상대방의 눈을 보며 대화하기**
아침에 일어나면 우선 얼굴의 색과 윤기를 체크해야 한다. 색이나 윤기를 반드시 아침에 체크한다. 만약 얼굴에 윤기가 사라졌다면 우선 의심해야 할 것은 질병이다.

° **애인을 대하는 표정 짓기**
사람을 만났을 때는 사랑하는 사람을 대한다는 생각으로 표정을 짓는다. 애인에게 사랑받는 표정으로 상대방을 대한다면 호감을 갖는 표정이 될 수 있다.

° **긍정적인 생각 갖기**
항상 긍정적인 생각을 가진다. 긍정적인 생각만 하면 자연히 표정에 여유가 생긴다. 표정에 여유가 생기면 상대방을 편하게 만들어 준다.

호감을 주는 인상의 비밀   263

° 상대방의 눈을 보며 대화하기

항상 미소 띤 얼굴을 가진다. 우리 옛말에 "웃는 얼굴에 침 못 뱉는다."라는 말이 있다. 미소 앞에서는 미움도 사라지게 한다. 그리고 주변 어른은 물론 동료, 후배들에게까지 인기가 좋아진다.

나를
리메이크하다

─────── 어느 날 거울 앞에 앉아 내 모습을 바라보았다. 거울 안에는 살기 위해 발버둥치는 한 여성이 있었다. 나이보다 더 들어 보이고 잠잘 시간도 없이 새벽부터 밤늦게까지 돈을 벌고 있는 피곤에 절어 있는 여성. 내가 버는 돈으로 누군가 행복해질 수 있다는 것만으로 행복을 느끼던 이경자. 부도를 맞으며 닥친 현실을 어떻게 감당해야 할지 모르고 고민하다가 문득 거울 속의 여성을 대하면서 이대로는 안 되겠다는 생각이 들었다.

200억 부도. 살고 싶었다. 처음부터 아무것도 없이 시작했던 시절을 생각하면서 다시 원점으로 돌아가자고 결심했다. 내려놓으니 그리도 편한 것을…. 다 내려놓고 살아온 날을 다시 리메이크하는 데 20년이 걸렸다. 암으로부터 다시 내 건강을 리메이크하고 정신과 삶을 리메이크하니 그제야 사는 기쁨이 다시 들기 시작했다. 나는 그 어떤 사업도 하지 않는 평범한 여자부터 시작했다. 이미지 메이킹을 연세대 평생교육원에서 배우기 시작했다.

어떤 일을 하든지 그 일을 통해 어느 정도는 내 모습이 드러나게 된다. 일에 임하는 태도나 옷차림, 대화할 때의 표정, 걸음걸이, 말씨 등 외적인 모습을 통해서도 어느 정도 상대를 알수 있다. 구부정한 자세로 힘없이 걷는 사람, 어깨를 펴고 큰 걸음으로 성큼성큼 힘 있게 걷는 사람…. 의식을 하든 안 하든 자기 자신의 모습이 외부로 보이고 있는 것이다.

만약 당신이 비즈니스를 하고 있다면 외부로 보이는 모습조차도 상황에 따라 적절한 제스처와 표정, 자기표현이 필요하므로 연출해야 한다고 생각한다. 자기표현이 지나치게 가식적이거나 작위적이어서 불쾌감을 주게 되면 문제가 생길 수도 있지만, 상대에게 좋은 느낌을 주고 인간관계에도 도움이 되는 선에서 어느 정도의 연출은 하는 것이 좋다.

한 조사에 의하면, 비즈니스맨의 70퍼센트가 자신과는 전혀 어울리지 않는 양복을 입는다고 한다. 특히 남자들은 대충 양복을 선택하는 경우가 많다. 단벌 신사도 적지 않다. 그러나 때와 장소에 맞는 복장이 따로 있다. 외모뿐 아니라 옷차림, 신발, 가방 등도 신경 써야 한다.

타고난 외모도 중요하지만 더욱 중요한 것은 사람들에게 호감을 줄 수 있는 자신만의 개성을 가꾸는 것이다. 늘 밝은 미소에 부드러운 표정을 짓는 사람은 누구에게나 호감을 준다. 아무리 미인이라도 짜증스런 표정에 퉁한 태도는 보는 사람의 마음을 불편하게 만든다. 외적인 매력이 없더라도 화술이 뛰어나다거나 상대방의 심리를 잘 읽을 수 있는 사람이라면 당연히 설득 효과가 높다.

이미지 메이킹과
마음 네트워크

————— 사람들은 누구나 좋은 인맥을 맺고 싶은 욕구가 있다. 마음만 먹는다고 해서 좋은 인맥이 만들어지는 것은 아니다. 좋은 인맥을 많이 가지고 있는 사람들의 특징은 이미지가 좋다는 것이다. 인맥 맺는 것에 성공한 사람들은 많은 사람을 만나는 만큼 여러 사람들에게 좋은 첫인상을 주기 위하여 노력한다.

사람들은 처음 만나서 눈 깜박하는 사이에 얼굴 표정과 외모, 말 한마디를 통해서 상대방을 평가하게 된다. 그 이유는 얼굴 표정과 외모가 비록 그 사람의 모든 것을 나타내거나 결정짓는 것은 아니지만 사람들은 우선 얼굴 표정과 외모를 보고 판단하는 경향이 많고, 또한 깨끗하고 청결한 사람은 어디서나 환영받기 때문일 것이다.

이러한 의미에서 우리는 패션도 전략이라며 옷차림이 취업 및 직장 생활에서 성공을 가져온다고 한다. 또한 세일즈맨은 "물건을 팔기 전에 자신을 먼저 팔아야 한다."고 주장한다. 이는 바로 이미지 컨설팅의 중요성과 더불어, 이것이 우리 생활 깊숙이 침투해 있다는 것을 알 수 있게 하는 예라 할 수 있다.

좋은 첫인상을 받는 사람에게는 다가서기가 쉽고 편하지만 첫인상이 좋지 않은 사람에게는 다가가려고 하지 않는다. 더욱 상대방의 기억 속에서 안 좋은 사람으로 기억될 것이다. 그러한 편견을 다시 바꾸려면 많은 노력과 시간이 필요하다.

우리가 만나고자 하는 사람은 사람을 많이 만나는 사람이기 쉽다. 사람을 많이 만나는 사람은 사람들을 하도 많이 만나서 나름대로 사람의 유형을 평가하는 고정관념을 가지고 있다. 사원을 선발하는 면접 장소에서는 인상학을 전공한 사람을 면접관으로 초빙하여 인재를 선발하도록 하고 있다. 우리의 표정, 복장, 태도, 용모, 음성, 억양, 말씨, 언어와 같은 청각적 이미지를 보고 우리를 선택하느냐 마느냐를 결정한다. 미팅이나 맞선에서도 마찬가지로 상대편은 단 불과 몇초 안에 지금까지 살아온 내 인생을 나의 이미지 하나로 결정한다.

인맥 만들기에서 가장 중요한 점은 상대방에게 신뢰를 주는
것이며, 이를 위해서는 다시 한 번 만나고 싶다는 끌리는 인상
을 줌으로써 상대방이 지속적인 만남을 원하게 하는 것이다.
즉, 인맥을 견고히 다지기 위해서는 볼수록 끌리는 사람이 되
어야 한다. 다음으로는 상대의 인간적인 측면을 존중하는 것이
다. 자신의 잇속만 챙기는 데 급급한 인맥 만들기는 실패할 확
률이 매우 높다. 진정한 인맥은 사람과 사람을 잇는 '마음' 네트
워크를 통해 만들어져야 오래가고 좋은 인연이 될 수 있다.

호감을 주는
첫인상의 비밀

─────── "좋은 얼굴은 추천장이며 좋은 마음은 곧 신용
장이다." 영국의 정치가이자 소설가 리튼이 한 말이다. 여기서
의 좋은 얼굴이란 '첫인상'을 의미한다. 우리는 첫인상을 무엇
보다 중요시하게 생각한다. 사람들 중에는 첫인상은 좋았는데
만나면 만날수록 점점 실망하는 경우가 있는가 하면, 만나 볼
수록 점점 호감이 느껴지고 새로운 매력을 느끼게 되는 사람도
있다.

첫인상이 좋지 않더라도 몇 번 만나면서 인상을 좋게 심어 주는 것은 문제가 되지 않지만, 단 한 번의 만남으로 협상이나 계약을 끝내야 하는 경우에는 다시 좋은 인상을 심어 줄 기회가 거의 없으므로 문제가 될 수 있다. 그래서 첫 만남에서 호감을 주지 못하면 이후에도 중요한 관계를 이어 나가기 어렵다.

첫눈에 '느낌이 괜찮은 사람인데?'라는 인상을 심어 주게 되면 인간관계에서 매우 유리할 뿐 아니라 계약이나 복잡한 일을 성사시키는 데도 한결 유리해진다. 따라서 첫 만남에서는 당당하고 활기가 넘치는 모습을 보여 주는 것이 좋다.

사람들이 나를 보았을 때 77세 나이라는 것을 잘 믿지 못하는 이유 중 하나가 나이답지 않은 꼿꼿한 허리와 당당함이라고 한다. 나이가 들었다고 해서 당당하지 못할 이유는 없다. 지금까지 가정, 자식 교육에 최선을 다해 왔고 꾸준히 배움을 이어 왔으며 사회적으로 영향력을 미치고 있는데 당당하지 못할 이유가 무엇이겠는가!

소비자가 처음 마트에서 물건을 구입할 때는 포장이나 가격 등으로 선택하는 경우가 적지 않다. 물론 여러 번 구입하다 보면 외형보다는 상품의 질을 비교하여 보다 좋은 품질의 상품을 선택하기 때문에 외형도 중요하고 내용의 질도 중요하다.

살다 보면 처음부터 상대에게 좋은 인상을 주고 호감을 주는 사람이 있다. 처음 낯선 사람과 대면하는 자리에서 몇 초 동안 받은 인상이 가장 강렬하게 오랫동안 지속된다. 만약 내 사업장에 찾는 고객이 처음 몇 분 정도의 시간 안에 내 말에 전혀 관심을 보이지 않는다면, 아무리 훌륭한 설명이 이어진다 해도 그것은 십중팔구 실패한 것이다.

대부분의 사람들은 대개 처음 만나는 사람에게 경계심을 갖는다. 상대가 말할 때 신뢰하기보다는 무관심하게 보이거나 실수한 것이 없는지 살피기에 바쁘다. 따라서 먼저 경계심을 없애고 친근감을 느끼게 해야 한다.

처음에는 서두르지 말고 한 걸음씩 다가서려는 노력이 필요하다. 첫 만남에서 가장 무난한 것은 미소를 짓는 것이다. 미소는 상대방과의 거리감을 없애고 친밀감을 나타내며 친절과 상냥함 등의 의미를 담는다. 미소로 표현하는 사람에게 반감을 가질 사람은 아마도 없을 것이다.

미소 또한 훈련을 통해 만들어 낼 수 있으며, 미소를 연습하다 보면 인상도 바뀐다. 때로는 상대에게 억지 미소일지 모른다는 생각을 줄 수도 있다. 그러나 시간이 지나면 가식적인 웃음과 진실이 담긴 미소는 구분된다. 진심으로 호의를 나타내는 미소는 결국 상대에게도 전달되기 마련이다. 자연스럽게 상대를 편안하게 하는 미소를 지을 수 있는 사람은 설득에도 매우 유리한 조건을 가지고 있는 셈이다.

나는 이미지 메이킹 과정을 배우면서 걸음걸이, 미소, 표정

관리 등을 배우고 날마다 거울을 앞에 놓고 내가 잘 지을 수 있는 가장 멋진 미소를 연습했다. 홍익뷔페를 할 때는 내 이미지를 위해 날마다 정장 차림을 했으며, 자원봉사를 했을 때는 누구나 친근하게 생각할 수 있는 표정과 편안한 의상으로 상대방에게 편한 이미지를 연출했다.

나는 화장법을 배워 동안으로 보이는 화장을 하고 있으며 의상도 딱딱하고 나이가 들어 보이는 의상보다는 간편하고 생동감 있어 보이는 컬러의 상의와 바지로 연출한다. 나의 어머님이 늘 말씀하시기를, 집에서도 늘 퍼져 있지 말고 꼭 화장을 하고 단정한 모습으로 가꾸고 있으라고 하셨다. 내 주변에서는 화장을 안 한 나의 맨얼굴을 본 사람이 거의 없을 정도로 늘 자기 관리를 철저히 한다.

제10장

감동을 주는 말, 말, 말

소통은 사회생활을 영위하는 인간과 인간 사이에 이루어지는 사상을
교환하고 전달하는 것을 의미한다.
기초적 사회 과정으로 개인의 발달 및 집단,
조직의 형성과 존속을 위하여 필요 불가결하여 인간 사회의 기초가 되는 것이다.
우리는 사회생활 속에서 수많은 사람들을 만나게 된다.
처음 만나는 사람들과 좋은 인간관계를 맺기 위해서는
개인의 첫인상도 중요하지만 대화 방법도 중요하다.
소통 방법이 좋으면 자신의 단점을 보완하고 좋은 인간관계를 맺어 준다.

처칠을 통해 알아보는
말의 중요성

─────── "인간에게 있어서 가장 중요한 능력은 자기표
현이며, 현대의 경영이나 관리는 커뮤니케이션에 의해서 좌우
된다." 피터 드러커(Peter F.Drucker)가 스피치의 중요성을 강조하
며 한 말이다.

이렇듯 오늘날 스피치는 각 분야에서 강력한 무기로 활용되
고 있다. 스피치의 성공 여부에 따라 기업의 투자, 제품의 판
매, 취직이 되는 학점이 결정되는 시대가 오고 있다. 이러한 시
대에 각광받는 사람이 되기 위해서는 사전에 철저히 준비하여
스킬(Skill)을 연마하고 성공할 수 있는 팁(Tip)을 가지고 있어야
한다. 오늘날 스피치는 면밀히 계획되고 구성되어 실시되어야
하는 것으로 그 자체가 특별히 제작된 하나의 상품으로 생각되
어야 한다. 따라서 스피치는 무형자산으로서 사람, 정보, 노하
우로 이루어진 하나의 경영 상품이라고 할 수 있다.

사람들은 가끔 말을 잘하는 사람을 만나면 부러워한다. 어떻
게 말을 저렇게 잘할 수 있을까? 의아해하기도 하고 심지어 태

어나면서 갖는 재능이라고 생각하기까지 한다. 그러나 우리는 갓난아이 때부터 주변의 외부적인 영향에 의하여 언어능력을 갖게 된다. 일반적으로 어려서부터 책을 많이 읽거나 말을 많이 하고 자란 아이들은 표현능력이 높아지는 데 반해, 책을 많이 읽지 않거나 소극적이고 내성적이 아이들은 말을 잘 못하는 경우가 많다. 결국 말을 잘하고 못하고는 주변의 환경에 의하여 말의 습관이 형성되기 때문이다. 따라서 성인이 되어서도 연습만 한다면 말은 잘할 수 있다는 것이다.

영국 역사상 가장 위대한 인물로 추앙받았던 위스턴 처칠은 정치인으로 세계를 변화시켰지만, 더욱 유명한 것은 노벨문학상을 수상할 정도로 문학에도 조예가 깊었다는 것이다. 그런데 그보다 더욱 유명한 것은 명연설가였다는 것이다. 그의 화려한 조명 뒤에는 보이지 않은 처절한 노력이 있었다. 그는 왜소한 체구로 심한 열등의식과 매번 꼴지를 벗어나지를 못한 어린 시절을 보냈지만, 자신의 불행을 극복하기 위하여 매일 다섯 시간이 넘는 독서와 연구를 통해 자신만의 지식 세계를 만들어 갔으며 자신의 인생은 물론 세계를 변화시켰다.

처칠은 두 달 일찍 태어난 조산아로서 지능 발달이 늦어 학교생활에 적응하지 못하는 어린 시절을 보냈다. 그의 아버지는 항상 처칠을 가문의 수치로 여겼고 이는 어린 처칠에게 많은 상처를 주었다. 그의 아버지가 정신착란이 시작된 이후로는 처칠에게 더욱더 심한 폭언을 서슴지 않았다. 게다가 팔삭둥이로 태어난 처칠은 태어날 때부터 몹시 병약하여 어린 시절에는 거의 모든 병을 달고 다녔으며 열한 살 때는 죽음의 문턱에까지 다녀왔다. 결국 그는 숨을 거두는 순간까지 여러 가지 병마의 그림자에서 한순간도 벗어나지 못했다.

체격 역시 왜소하여 그에게 평생을 살면서 크나큰 콤플렉스를 가져다주었다. 무엇보다 놀라운 것은 이 시대 가장 위대한 연설가로 인정받고 있는 그는 혀가 짧았으며, 몇몇 발음들을 발음하지 못했고 말더듬증도 갖고 있었다는 점이다. 또한 그는 학장 시절 때 학업 성적이 거의 꼴찌였다. 성적이 나빠 대학 진학을 못 했으며 육군사관학교를 지원했지만 두 번 떨어졌으며 세 번째에야 겨우 합격하였다. 또한 그는 선거전에서 가장 많은 패배를 경험한 정치인으로 기록되어 있다.

그는 군에 입대하면서 체력 훈련에 몰두하여 신체적인 허약함을 이겨 내려 했으며, 학문에 대한 열등감은 하루 다섯 시간이 넘는 독서와 연구를 통해 극복하며 자신만의 지식 체계를 이끌어 내었다. 그는 짧은 혀로 인하여 발음이 안 되는 단어를 걸을 때마다 항상 연습했으며, 무대 공포증을 없애기 위해 스피치 기술을 끊임없이 연마했다. 즉석에서 말하는 것이 서툴렀던 그는 미리 원고를 써서 명연설들을 암기하였다. 그는 자신의 소심한 성격을 이기기 위해 전장에 참가해서는 가장 치열한 전

투에 자진해서 몸을 던지기도 하였다.

이러한 삶의 자세로 그는 영국에서 두 번이나 수상을 지낸 정치가이자 웅변가로 명성을 날렸으며, 바쁜 정치 생활 속에서도 수많은 강연과 20여 권이나 되는 훌륭한 저서를 집필하여 노벨문학상을 수상했으며, 금세기 최초로 왕족 이외에 '국장'으로 장례를 치른, 지금까지도 "가장 위대한 영국인"으로 불린다.

그가 이처럼 험난하고 불행했던 어린 시절을 극복하고 영국을 대표하는 대정치가가 되고 전 세계인들에게 존경을 받을 수 있었던 것은 자신의 약점과 모자람을 극복하려고 끊임없이 노력했다는 점 때문이다. 이러한 노력의 결실로, 처칠은 영국을 2차 세계 대전에서 구하고 명연설가요 정치인으로서 노벨문학상을 수상하는 등 성공한 인생을 살 수 있었다.

부정적인 말과
긍정적인 말

─────── 오랜 친구인 여고 동창 P는 마음은 한없이 착하고 여린데 유독 언어 습관이 좋지 못해 손해 보는 경우가 종종 있다. 오랜 기간 사귀어 온 사람들은 그 친구의 본심을 알기 때문에 오해하지 않지만 잘 모르는 사람들은 실없고 안 좋은

사람으로 생각한다. 그 친구는 자기주장이 강하고 매사에 단정적으로 말하기를 좋아해 다른 사람들의 눈살을 찌푸리게 한다. 툭하면 손가락에 장을 지지고, 걸핏하면 자식을 앞세워 맹세를 한다. 그녀가 뱉은 말이 수시로 어긋난 적이 한두 번이 아닌데도 아직 그녀는 그러고 다닌다. 하긴 그만큼 확신이 든다는 뜻일 것이다.

그러나 어떤 일도 백 프로 확신은 힘들다. 인간사 모든 것이 언제 어떻게 무슨 일이 생길지 알 수 없다. 따라서 단정적인 말은 신중하게 사용해야 한다. 그 친구처럼 습관적으로 사용하다 보면 상대에게 신뢰를 주지 못하고 말만 앞서는 사람으로 보이기 쉽다. 단정적인 말은 상대에게 명확해 보이고 자신감이 있어 보이지만, 사람을 설득하는 데는 그다지 효과적이지 않다.

생각은 말에서부터 생성된다. 긍정적인 말은 긍정적인 생각의 출발이다. 반면에 단정적이고 부정적인 말은 부정적인 결과를 가져오기 쉽다. 따라서 이런 말들은 사용하지 않는 것이 좋다. '반드시 ~해야 하고, 안 하면 안 되고', '결코', '기필코' 등의 단어를 쓰게 되면 듣는 이에게 좋은 이미지보다는 부정적인 이미지를 주게 된다. 비록 객관적이고 정확한 근거가 있다 하더라도 기분이 상한다. 설사 상대방을 움직일 수 있다 해도 대부분 어쩔 수 없이 했다는 말이 나오기 십상이다.

스스로의 행동에 대해 스스로 납득이 갈 때 만족도가 높다.

가정에서도 부부 사이에 언어 순화가 필요하다. 가정에서 긍정적인 언어를 사용해야 한다. "이거 하면 좋을 거야."와 "이거 해야 돼!"는 뉘앙스에 확연히 차이가 있다. 단호하게 "절대 하지 마.", "당신은 절대로 안 돼."라고 강압적으로 말한다면 상대는 주눅이 들고 소극적이 되거나 자칫하면 거짓말도 하게 된다. 특히 자존심이 강한 사람일수록 강요나 강압적인 협박조의 말이 상황을 더욱 악화시킨다.

우리 주변에는 부정적인 어휘들이 더 많이 사용되고 있다. "말하지 마시오.", "하지 마시오." 등 온통 '마시오'뿐이다. 이러한 부정적인 어휘는 부정적인 사고로 연결된다. 말하는 사람이 아무리 생각 없이 한 이야기라도 그것은 듣는 사람에 의해 달리 결정된다. 우리는 자기만의 방법과 느끼는 방법이 있고, 남의 말도 듣고 자기 식으로 해석한다. 따라서 상대를 인정하면서 말하는 것이 가장 효과적인 방법이다.

진급에 떨어져 집에 들어온 남편에게 "내가 그럴 줄 알았다. 매일 술만 마시더니….."라는 말은 남편을 더욱 낙담하게 만들 뿐이다. 진급이 남편에게 인생의 전부는 아니다. 세상사 마음대로 안 되는 경우가 많고 조직 생활은 특히 그렇다. 나도 내 장점이 있고, 상대도 마찬가지다. 한마디 말로 하루의 피로가 날아갈 수도 있으니 상대를 배려하면서 말하는 것은 매우 중요하다.

말에는 말하는 사람의 생각이 작용한다. 그래서 감정적이 되기 쉽다. 상대의 자존심이나 단점을 건드는 것은 금물이다. 감정의 충돌을 일으킬 소지가 많기 때문에 내가 하고 싶은 말이 아닌 상대가 듣고 싶어 하는 말을 해야 할 때가 있다. 무엇보다 남편의 감정과 현재의 상태를 정확히 이해하려는 노력을 기울이며 비언어적인 부분까지도 세심하게 신경 써야 한다. 남편의 눈빛 하나에도, 그리고 목소리와 태도 하나에도 남편의 심리 상태를 알 수 있다. 잘 관찰해야 적절하게 대응할 수 있다. 이것은 비단 남편에게뿐만 아니라 남편도 아내에게 고려해야 할 부분이다.

아무리 잘난 사람도 가정이 편하지 못하면 나와서 편히 자기 일을 할 수가 없다. 부부 간에 오가는 부드러운 칭찬과 격려 한마디가 큰 힘이 된다. 우리 부부도 살아오면서 서로 성격은 맞는 게 없었지만 아버님의 가르침 덕분에 내가 남편을 존중하고 남편 말을 단 한 번도 거역하지 않으면서 존댓말을 써 왔다. 물론 남편의 생각이 틀릴 때도 많았다. 그러나 큰 소리를 내게 되면 아이들 교육에 안 좋다는 생각에 할 말이 있으면 남편이 기분이 좋아 보일 때 잘못된 부분을 기분 나쁘지 않게 전달하였다. 지금도 아들이 전화를 하면 자신들의 사춘기 시절에 엄마가 잘 참고 기다려 주셔서 감사하다고 말을 한다. 개천에서 용 난 것은 엄마의 덕분이라고….

감동을 주는
커뮤니케이션

──────── 현대사회에서는 모든 것이 커뮤니케이션 능력에 달려 있다고 해도 과언이 아니다. 그저 묵묵히 주어진 일만 열심히 하는 것으로는 그야말로 2퍼센트 부족한 시대이다. 예전에는 들어 보지도 못한 '설득 커뮤니케이션'이라는 분야가 요즈음 부각되고 있는 것만 봐도 알 수 있다. 커뮤니케이션이란 한마디로 다른 사람과 의사소통이 잘되느냐의 문제이다.

흔히 커뮤니케이션이 원활하다고 하면 나의 의사가 상대에게 왜곡되지 않고 제대로 전달되었는지를 가장 먼저 생각하게 한다. 또는 청산유수로 말을 잘하거나 뛰어난 글 솜씨를 떠올리기도 한다. 커뮤니케이션에서는 듣기, 읽기, 쓰기, 말하기의 순서로 중요하다고 전문가들은 말한다. 얼핏 보면 말하기가 가장 먼저일 것 같지만 오히려 그 반대이다.

실제로 커뮤니케이션에 능한 사람은 듣는 것을 더 잘하는 사람들이다. 일반적으로 사람들은 자신의 일방적인 주장을 통해 상대방을 설득하려 할 뿐이지, 잘 듣는 것으로 상대를 만족시킬 수 있다는 데까지는 생각이 미치지 못한다. 누구나 자신의 일에 관심을 보이고 자신의 이야기를 진지하게 들어 주는 사람에게 호감을 갖게 마련이다. 열심히 듣는 것은 상대에게 신뢰감을 줄 뿐 아니라 상대로 하여금 자신의 말에 관심을 기울이게도 한다.

실제로 수억 원대의 연봉을 받는 소위 말하는 세일즈의 달인들은 고객의 말을 잘 들어 주는 것이 성공의 비법이라고 이구동성으로 말한다. 이들은 자기가 말하려는 내용보다 상대방이 말하는 내용에 더 주의를 기울인다. 상대의 이야기를 듣다 보면 자신이 모르고 있던 것을 발견해 낼 수 있기 때문이다.

듣기를 잘하는 사람은 상대의 주장에서 반론을 펼 수 있는 기회를 빈틈없이 포착한다. 반대로 듣기에 익숙지 못한 사람은 오히려 상대방에게 설득당하고 만다. 남의 말을 듣는다는 것은 생각처럼 쉬운 일은 아니다. 일단 듣는다는 것은 수동적이기 때문에 누구든지 듣기 좋아하는 사람은 없다. 오죽하면 공자도 60살을 이순(耳順)이라 하여 예순은 되어야 제대로 들을 수 있다고 했을까? 하물며 범인이야 새심 말할 필요도 없다.

어떤 칭찬에도 동요하지 않는 사람이라도 자기 이야기에 열중하는 상대에게는 마음이 흔들리고 호감을 갖는다고 한다. 잘 듣기 위해서는 기술이 필요하다. 상대의 말을 잘 듣는다는 것은 상대를 이해하려는 자세로 경청하는 것을 말한다. 상대를 이해하기 위해서는 주관적 감정이나 고정관념을 보태지 않고 들어야 한다. 이를 두고 옛 성현들은 귀로 말을 듣는 것뿐 아니라 눈과 가슴으로도 들을 수 있어야 한다고 했다. "가는 말이고와야 오는 말도 곱다."라는 속담처럼 내가 먼저 상대의 이야기를 진지하게 경청하고 공감하면 상대도 내 이야기를 열심히 들어 준다.

복잡한 현대사회를 살아가는 우리들은 온갖 종류의 스트레스에 시달린다. 누구나 한 번쯤은 가슴속에 쌓인 것들을 누군가에게 털어놓는 것만으로도 한결 마음이 가벼워지는 경험이 있을 것이다. 정신의학에서는 의사가 환자의 이야기를 들어 주는 것을 치료의 시작이라고 한다. 이처럼 듣기는 마음이 병까지 치유할 수 있다.

나 역시 사업이 잘되던 시절 설득에서 가장 중요한 것은 뛰어난 언변이라고 생각했다. 물론 구체적인 데이터나 근거를 제시해야겠지만, 일단 말을 잘해 상대의 말문을 막히게 하는 것이 더 중요하다고 여겼다. 그러나 이 방법은 비록 당장에는 성공한 듯싶어도 결과적으로는 부정적인 결과를 초래했다. 비즈니스에서는 설득에 성공했다 하더라도 지속적인 관계를 유지하는 것이 중요한데, 나의 저돌적인 자세는 좋지 않은 인상을 주었고 다음 협상으로 이어지지 못한 경우가 많았다. 소위 말하는 기선 제압이라는 생각에서 상대의 불편한 심기를 알아차리지 못했던 것이다.

"대단한 여성인데? 진짜 치밀하고 빈틈없는 사람이군!" 내가 기대했던 평가는 이런 말들이었다. 그러나 정작 사람들이 내

등 뒤에다 대고 뱉은 말들은 그 정반대였다. "여자가 놈이 싸가지 없이…… 그래, 너 잘났어. 어디 두고 보자!" 자신감에 넘쳐 승승장구할 것만 같던 일들은 예기치 않은 곳에서 꼬이기 시작했다. 도대체 뭐가 문제인지를 고민했지만 알 수가 없었다. 결국 평소 잘 따르던 선배에게 상담을 청했다. 선배는 답답하다는 표정을 짓더니 새삼 커뮤니케이션의 기초부터 일깨워 주었다. "너는 언제나 너무 말이 많아."

그러고 보니 그 선배는 어떤 자리에서도 말이 없는 것 같지만 곰곰이 따져 보면 꼭 그런 것만도 아니었다. 경우에 따라서는 모임에 나온 사람들 중에서 가장 말을 많이 하는 사람이기도 했다. 그 선배는 언제나 자신의 이야기를 먼저 하는 것이 아니라 가만히 듣고 있다가 조곤조곤 이야기를 풀어 나가는 스타일이다. 꼭 필요한 시기에 꼭 필요한 말을 함으로써 자신의 말에 대한 신뢰도를 높인다. 그나마 그 정도에서 나의 문제점을 깨닫게 되었으니 얼마나 다행인지 모른다. 이후 나는 이야기는 적게 하는데도 일은 더 쉽게 풀렸다.

요즘도 가끔 젊은 사람들이 왕성한 혈기로 분위기 파악도 못한 채 혼자서 신나게 떠들고는 의기양양해하는 모습을 볼라치면 나의 옛 모습이 떠올라 절로 웃음 짓게 한다. 그들도 나처럼 나이가 들면 알게 될 것이다. 먼저 상대의 말에 귀를 기울이자. 아무리 말 잘하고 재능이 뛰어난 사람이라도 남의 말을 귀담아 듣지 않고 무시하는 사람은 진정으로 상대를 감동시킬 수 없다.

긍정적인
자성예언의 힘

─────── "말이 씨가 된다." 참으로 묘한 뜻을 가지고 있는 이 말은 쓰이는 상황에 따라 그 뉘앙스는 하늘과 땅 차이다. 부정적인 상황에서 사용될 경우 불길한 뜻은 물론이요 남에게 사용하면 심한 비방이나 모욕이 되기도 한다. 반면에 긍정적으로 사용될 때는 엄청난 마력을 갖기도 한다. "나는 왜 이 모양일까? 나는 되는 일이 없어.", "나는 잘할 수 있어. 나는 성공할 거야." 자기 암시의 이런 말들은 실제로 그 결과에도 영향을 미친다.

'자성예언'이라는 말이 있다. 자신이 이루려는 것을 언어화하여 마음속으로 자꾸 되뇌면 그대로 이뤄진다는 뜻이다. 우리가 가진 가장 귀중한 자산은 스스로의 삶에 대한 긍정적인 태도이다. 언제나 밝은 미소를 짓는 사람이 있는 반면에 늘 못마땅한 얼굴을 하고 있는 사람도 있다. 어느 쪽이 더 호감을 줄지는 말해 무엇 하겠는가. 일반적으로 사람들은 어두운 것을 싫어한

다. 이 세사의 고민을 혼자서 짊어진 듯 어두운 얼굴을 대할라
치면 보는 사람들까지도 우울해진다. 아무리 세련되고 근사하
게 차려입었다 해도 이런 얼굴은 호감을 줄 수 없다.

우리 주변에는 하는 일마다 술술 풀리는 사람이 있는가 하면,
그 반대도 있다. 일이 잘 풀리는 사람은 운이 좋아서라고 하
고, 그렇지 않은 사람은 지지리도 운이 없어서라 한다. 하지만
나는 운도 스스로 불러오는 것이라고 생각한다. 그 사람의 정
신적 태도가 그 사람의 현실을 채색하고 형성한다는 말이 있듯
이, 운이 좋은 사람들의 일상을 들여다보면 매사에 긍정적이고
적극적임을 알 수 있다.

불쾌하다거나 부정적인 일들은 가능한 빨리 잊어버리고 상상
건강하고 밝은 표정으로 자신감에 넘치고 활기차다. 그러니 운
이 따르는 것은 당연하다. 반면에 늘 불평불만에 가득 차 무슨
일이든 트집을 잡고 사람을 대할 때도 부정적인 측면을 먼저 보
려는 사람들이 있다. 건전한 비판 정신이 아니라 사사건건 꼬
투리 잡고 시비조로 사람들을 대한다. 이런 사람들에게는 굴러
오던 복도 도망가기 바쁘다.

비즈니스에 있어서도 마찬가지이다. 일을 추진하다 보면 문
제투성이 일 것 같던 일이 의외로 원만하게 진행되는 경우가 있
는가 하면, 별문제가 없어 보이던 일도 예기치 않은 걸림돌로
애를 먹이는 경우가 있다. 무슨 일이든지 계획대로 원만하게

잘 진행되는 프로젝트에는 예외 없이 적극적이고 긍정적인 직원들이 있다. "우리는 잘할 수 있어! 우리가 못할 리 없지!"라는 생각으로 기회가 주어진 것에 감사한다. 반면에 번번이 프로젝트를 실패하는 팀을 보면 "글쎄요, 해 봐야지 알겠는데요."라는 식으로 맥 빠지는 소리나 읊어 대면서 "왜 하필 우리야." 하고 투덜거리는 직원들이 있다. 이처럼 긍정적 태도, 긍정적 자성예언이 갖는 힘은 대단하다.

살아가면서 가장 중요한 것은 긍정적인 마음가짐이다. 억지로 떠밀려서 한다는 느낌이 없이 즐겁게 일하는 사람은 보는 이들로 하여금 아름다움을 느끼게 한다. 늘 즐겁게 살아가기 때문에 화제 역시 늘 유쾌한 것들이다. 긍정적인 사고는 자신을 사랑하는 마음에서부터 시작된다. 긍정적인 사고를 가진 사람은 자신을 사랑하고 자신에게 주어진 삶을 소중히 여긴다. 이런 사람들은 스스로의 한계도 겸손하게 받아들인다. 자신을 존중할 때 자신의 독특한 재능과 능력을 발견할 수 있다. 어떤 문제가 닥치든지 결코 남을 탓하지 않고 반드시 해결할 수 있으리라고 낙관적으로 생각한다.

그에 반해 문제가 생기면 침소봉대하여 몇 날 며칠을 고민으로 날을 새우는 사람이 있다. 이들을 지켜보면 일이 잘 풀리건 안 풀리건 상관없이 고민으로 일관한다. 물론 어떤 일을 하게 되면 누구나 성공적인 결말을 위해 고민한다. 과연 차질 없이

77세 변화와 혁신

잘될까? 중간에 악재는 없을까? 사람들의 반응은 어떨까? 고민이 꼬리에 꼬리를 문다. 하지만 걱정하기보다는 준비하는 것이 현명한 자세이다. 내일을 준비한다는 것은 오늘의 일에 최선을 다하는 것이기도 하다.

하늘이 무너질까 걱정하는 사람이었다. 꼼꼼하고 빈틈없는 일 처리로 인정받았지만 늘 고민을 달고 살아 만성 위염에 줄담배를 피웠다. 보기에도 동년배들보다는 훨씬 나이 들어 보였다. 그는 입만 열면 스트레스로 죽을 지경이라고 한다. "다음 주말에 중요한 미팅이 있는데 차질 없이 진행될까?", "오는 주말에 있을 친목 체육대회 때 비가 오면 어쩌나?" 참으로 고민을 위해 태어난 사람 같다.

세상에는 걱정해서 해결될 고민거리가 있는가 하면 아무리 걱정해도 해결할 수 없는 것도 있다. 중요한 미팅이 있다면 고민할 것이 아니라 브리핑 준비를 철저히 하고 최상의 컨디션을 유지하도록 하면 된다. 그리고 요즘은 일기예보가 정확하니까 비가 올 것 같으면 일정을 연기하든가 실내 체육관을 빌리는 방법을 알아보면 된다. 이도 저도 아니면 더 이상 어쩔 수 없는 일, 비를 오지 않게 하는 일은 인간의 능력을 벗어난 일이 아닌가.

세상에 고민을 갖지 않은 사람은 하나도 없을 것이다. 실제로 우리가 고민하는 것들 중 상당수는 이미 해결 방안을 알고 있으면서도 행동으로 옮기기를 두려워하는 경우가 많다. 소극적인 사람들은 고민거리를 피하려는 경향이 있는데 그것은 일시적인 방법일 뿐이다. 반드시 짚고 넘어가야 할 문제는 정면 돌파가 최선의 방법이다.

부정적인 일은 긍정적 사고방식을 위해 되도록 빨리 잊는 것이 좋다. 인간은 완벽하지 않기 때문에 누구나 실수를 한다. 현명한 사람은 실수한 것에서 앞날에 대한 해결책을 찾는다. 과거에 얽매여 전전긍긍하는 것이야말로 낙관적인 삶을 방해하는 요소가 된다.

긍정적인 말과 생각은 심지어 그것이 꾸며낸 것일지라도 기분을 좋게 하는 신비한 힘을 가지고 있다. 언젠가 들은 재미있는 이야기 한 토막이 떠오른다. 매일 술에 취해 사는 사람에게 한 친구가 물었다. "왜 자네는 날마다 술독에 빠져 지내는 거야?" "도대체 그 고민이란 게 뭐야?" 그러자 술꾼은 대답했다. "술을 끊지 못해 고민이야."

최선의 화법,
유머

─────── 한 나그네가 하룻밤을 묵기 위해 싸구려 객줏집에 들렀다. 그런데 방에 들어가 보니 빈대가 한 마리 있었다.

"아이고, 여기 빈대가 있는걸." "걱정하실 것 없습니다. 이 빈대는 죽은 것입니다." 주위에 다른 객줏집이 없던 터라 그 나그네는 할 수 없이 그 방에 묵기로 했다. 이튿날 아침 주인이 와서 물었다. "안녕히 주무셨습니까, 나리. 빈대는 확실히 죽은 것이었습죠?" "음, 확실히 죽었더군. 하지만 문상객이 굉장히 많더군."

만약 이 같은 상황에서 나그네가 속았다고 노발대발 화를 냈다면 어떻게 되었을까? 주인은 모르는 일이라고 발뺌했을 수도 있고 미안한 마음이 들다가도 나그네가 계속 화를 내면 "그래서 어쩌라고?" 하며 적반하장으로 나올 수도 있다. 하지만 나그네의 유머 덕분에 분위기는 한결 부드러워지고 주인은 미안한 마음에 푸짐한 아침상을 대접했을 것이다. 이처럼 유머는 상황이 매끄럽게 돌아가도록 하는 윤활유 역할을 한다.

유머는 긴박한 순간을 기지로 모면하게 하는 힘을 지니고 있다. 뛰어난 유머 감각은 분명 커다란 매력 포인트임에 틀림없다. 재미있는 말솜씨로 좌중을 사로잡는 사람은 어디서든 환영받는다. 실제로 여자들은 잘생긴 외모보다는 유머 감각이 있는 남자를 더 선호한다고 한다. 요즘은 불경기 탓인지 신랑감 후보 1순위는 연봉이 높은 남성이라고 하지만 유머 감각을 지닌 남성도 여전히 우위를 차지하고 있다.

남을 웃길 수 있는 사람은 재치도 재치지만 유연하고 건강한 정신을 가졌다고 볼 수 있다. 대체로 유머 감각을 갖춘 사람은 여유가 있다. 마음에 여유가 있어야만 감정을 조절하고 상대의 공격에도 재치 있게 응수할 수 있다. 찡그리고 자책하고 화낸다고 달라질 것은 없다. 오히려 상황을 더 악화시킬 뿐이다.

유머 감각이 없는 것이 늘 고민인 친구가 있다. 나름대로 유머 있는 사람이 되기 위해 노력도 한다. 신문에 있는 유머란을 꼼꼼히 챙기는가 하면 인터넷 유머 사이트도 빠트리지 않고 본다. 심지어 술자리에서 누군가 재미있는 이야기를 하면 즉석에서 메모도 한다. 그런데 이상하게 그가 이야기를 꺼냈다 하면 재미있던 이야기도 썰렁해진다.

웃음은 자연스런 가운데 나오는 것이지 억지로 만들 수 있는 게 아니다. 그 친구의 문제는 매사를 너무 심각하게 받아들인다는 점이다. 웃자고 하는 얘기를 마치 무슨 성명서 낭독하듯 하니 수습이 안 되는 것이다. 가장 좋은 유머는 대화 속에서 자연스레 묻어나는 것이다. 아무리 재미있는 얘기를 알고 있더라도 대화의 맥을 끊으면서까지 해서는 안 된다. 미리 준비한 유머가 있더라도 타이밍을 놓쳤다거나 웃을 만한 분위기가 아니라면 하지 않는 것이 더 좋다.

일반적으로 비즈니스를 위한 커뮤니케이션에서 가장 유용하게 사용되는 유머 형식은 바로 위트이다. 위트는 그 사람의 지적 수준과 직접적으로 연결되어 있다. 유머 감각이 부족한 사람은 평소에 다른 이들의 유머를 읽는다거나 귀담아듣는 습관을 길러야 한다. 개그맨 수준까지 될 필요는 없지만 어느 정도의 정보 수집은 필요하다. 관심을 갖고 주변을 관찰해 보면 세상에는 웃을 일이 많다.

때로는 스스로 농담의 대상이 되는 것도 한 방법이다. 자기 자신을 비하시켜 비방의 대상이 되어 인기를 끌기도 한다. 특히 외국의 정치인들은 이 방법을 잘 이용한다. 반면에 우리 정치인들은 유머 감각이 없는 것 같다. 보는 사람까지 긴장하게 만들고 짜증나게 한다. 어쩌면 우리 사회 전체가 유머를 즐길 만한 여유가 없어서인지도 모른다. 내가 들은 유머를 옮겨 본다.

미국의 38대 대통령 제럴드 포드가 선거에 출마했을 당시, 일부 언론에서 그를 100여 년 전의 링컨 대통령과 비교한 일이 있어 포드로서는 여간 부담스러운 게 아니었다. 그때 포드 후보의 독자적인 이미지에 결정적인 역할을 한 것은 단 한마디의 유머였다. "나는 링컨은 모르고 오로지 포드만 압니다." 이 말을 들은 기자들이 포복절도한 것은 말할 것도 없다. 여기에서 링컨과 포드는 자동차 이름을 말한다.

유머는 여유를 만들고, 여유는 다시 유머를 생산한다. 유머 감각이 풍부한 사람들은 스스로 재미있게 사는 사람들이다. "나는 일을 즐기고 있는가?" "나는 삶을 즐기고 있는가?" 스스로 유머가 부족하다고 느낀다면 지금 당장 반문해 볼 필요가 있다.

상대방을 VIP로
만드는 한마디

───────── 누구나 자신은 특별한 사람 또는 중요한 존재
가 되고 싶어 한다. 음식점마다 단골손님이 있다. 단골손님들
은 음식 맛이 좋아서 찾기도 하지만, 한편으로는 단골이라는
이름에서 풍기는 특권 의식에 만족해서 찾는 심리도 무시할 수
없다. 특권 의식을 불어넣어 주면 고객의 마음을 수월하게 사
로잡을 수 있다.

내가 자주 방문하는 농협에서는 갈 때마다 항상 나를 "VIP 조
합원"이라며 반긴다. 다른 사람에 비해 특별나게 대접하는 것
도 없지만, 그럼에도 'VIP'라는 말은 듣기 좋다. 어디에서든 자
신이 특별한 대접을 받는다는 인상을 주는 것이 매우 중요하
다. 그 농협에서 나올 때는 항상 기분이 좋다. 이처럼 성공하려
면 사람들이 다시 찾아오게 만드는 서비스를 해야 한다. 평범
한 사람일수록 특별한 대우에 더 솔깃한 반응을 보인다. 특별
한 사람이라는 것은 어떤 식으로든지 나의 존재를 인정한다는
의미이다.

사람들이 자신을 특별하다고 여기게 만드는 것 중 하나가 상
대 쪽에서 내 이름을 기억하는 것이다. 상대의 이름을 기억하
는 것은 능력을 인정해 주는 것 이상으로 상대의 존재를 인정

하는 것이다. "이름값을 해야지.", "죽어서 이름을 남긴다." 등 우리는 어릴 적부터 이름과 관련된 말을 자주 들으며 자랐다. 태어나 처음 듣는 것도 이름, 가장 먼저 배우는 글자도 바로 자신의 이름이다. 학자들 말에 의하면 수만 번의 이름이 불리면서 자의식이 형성된다고 한다.

이름을 잘 기억해 주는 것은 중요한 의사소통 능력 중 하나이다. 상대의 이름을 기억해 주면 그의 마음도 수월하게 움직일 수 있다.

나는 대체로 기억력이 좋아서 이름을 잘 기억하는 편이다. 이름을 잘 기억하기 위해서는 명함을 받는 즉시 상대의 이름을 한번 불러 주는 것이다. "아무개 과장님이군요. 존함이 참 좋은 것 같아요." 한마디 하는 것도 상대를 기분 좋게 하는 한마디가 될 것이다.

제11장

은퇴를 앞둔 그대에게

10년 전 이대에서 노인학을 공부하며 지금의 사회현상을 예감했었다.

그리고 절실하게 깨달은 것은

독립된 하나의 인간으로서 노인으로 사는 긴 기간도

젊은 시절만큼 중요하다는 점이었다.

인간답게 사는 데 있어서,

노년을 왜 인생의 새롭고 또 다른 단계로 보지 않는 것인가?

젊었다가 늙은 사람을 쓸모없는 존재가 아니라

그 자체를 하나의 삶의 과정으로 여겨 주면 안 되는 것인가?

무엇보다 중요한 사실은 나이에 스스로 벽을 치는 것은

결국 우리 스스로가 아닐까 하는 생각이 든다.

77세,
지금이 최고 좋은 때

─────── 젊은 날이 봄날이라면 가을과 겨울은 인생에서 무엇을 의미할까? 내게 누군가 젊은 날로 돌아갈 테냐 물으면 한 치의 망설임도 없이 지금이 '최고 좋은 때'라고 말하겠다. 많은 것을 고민하고 갈등하고 남에게 지는 것이 싫어 자신을 들볶고 어떻게 살 것인가를 늘 고민해야 했던 젊은 시절…. 그러나 지금은 삶에서 조금 물러나 나를 되돌아보고 삶의 의미를 찾고 많은 것이 감사한 시기이기에 지금이 내겐 한없이 좋을 때라고 생각된다.

누군가가 밉지도 않고 원망도 없으며 '그럴 수도 있겠구나!' 이해하게 된다. 무기력하고 아무 할 일도 없는 노인의 이미지는 내겐 없다고들 말씀하신다. 그런 것은 하루아침에 이루어진 것도 아니며 누가 만들어 주는 것도 아니었다. 새로운 교육이 있으면 달려가 배우고 생각하고 실천해 가면서 내 스스로 만들어 가려고 노력해 왔다. 나는 늘 배움에 대한 갈증이 있었고 나이가 들어가면서도 어떻게 나이 들 것인가를 고민해 왔다.

새벽에 일어나면 몇 개를 신문을 읽으며 사회의 변화를 느껴 보고, 잘된 영화라는 것은 꼭 찾아 관람하고 느낀 점을 젊은 사람들과 의견을 나누어 얘기해 본다. '나는 늙었는데 뭘!' 하는 스스로의 생각이 오히려 나를 고정된 틀 속에 가두어 두는 것이다.

우리 사회에 만연한 노인 경시 풍조 현상으로 인해 노인을 문젯거리나 부담으로 여기는 경향이 많은데, 로버트 버틀러의 책을 참고한다면 흔히 사용하는 '늙은이'란 단어에서도 알 수 있다. 이 단어는 부정적인 느낌이 더 강하게 든다. 버틀러가 말하기를 "본인 스스로가 나이가 들었다는 사실을 받아들이려는 사람은 극히 드물다.

사람들은 '나이 지긋한, 늙은, 연로한, 일선에서 물러난, 은퇴한, 노인네들, 할아버지, 할머니' 같은 표현도 듣고 싶지 않아 한다. 그나마 '늙은이' 또는 '영감탱이, 할망구, 노파'라는 표현보다는 나을지 모르지만 나는 그런 단어를 붙이는 것은 내가 하기 나름이라고 생각한다. 그리고 바라보는 입장에서의 의식도 중요하다고 생각한다.

나이가 든다는 것은 누구의 잘못도 아니다. 나를 포함해서 노인은 신체 기능도, 열정도 전과 같지 않으며, 두뇌 활동도 예전 같지 않고 살아온 날보다는 살아갈 날이 점점 줄어든다는 것은 어쩔 수 없는 사실이다. 그렇다고 해서 젊은이들에게 멸시받거나 쓸모없는 취급을 받아서는 안 될 일이다. 인간은 누구나 나이를 먹는다.

특히나 요즘 사회는 동적이고 빠른 것을 요구하는 경향이고 보니, 집단보다는 개인적인 것을 추구하고 옛것보다는 새롭고 참신한 것을 요구하고 있다. 조직에서도 나이 든 직원보다는 젊은 후임자를 뽑아 오랜 경력자는 일선에서 자리를 내놓아야 하는 추세다.

산업주의는 과거의 관습과 풍습보다는 민첩하고 재빠른 것을 선호하는 경향이 많다 보니 젊음이 지닌 열정, 능력과 에너지를 더 필요로 한다. 그리고 이 기준으로 다른 모든 것들을 평가하는 경향이 많다. 휴대전화, 인터넷, 기차나 비행기, 핸드폰 등 새로운 발명품은 보다 빠르게 빠르게를 강조한다. 정말 따라가기도 바쁜 세상이다. 그래서 몇 초에 데워 먹는 밥과 간편 음식들이 연이어 매출을 올리고 있다. 하루 만에 부산을 다녀오고, 업무를 보고, 일처리를 하고 그야말로 속전속결이다.

막스 베버는 책에 이렇게 서술하고 있다. "시간을 낭비하는 것은 무겁고 치명적인 가장 큰 죄다. 사교 활동을 하거나 쓸데없이 늘어놓는 잡담, 사치나 부리면서 또는 건강을 유지한다는 명목으로 더 많이 잠을 자는 행위도 시간을 낭비하는 비판받을 행동이다."라고 표현했다. 인생을 더 살아온 내가 바라보는 요즘 사람들은 너무나 여유가 없고 사색할 시간조차도 갖지 못하고 바쁘게만 사는 것 같아 안타깝게 보일 때도 있다. 물론 내 개인적인 편견일 수도 있겠지만.

노년에 대한
인식의 전환

──────── 노인대학에 몇 년간 학장으로 있으면서 늘 대하게 되는 200여 명의 어르신들께 내가 늘 하는 말이 있다. "허리 꼿꼿하게 세우세요! 그리고 빈말이라도 늙었으니까 하면서 늙음을 핑계대지 마세요." 그리고 스스로가 늙은이라는 생각을 가지고 있는데 누가 긍정적인 이미지를 가지겠나며 들기 싫으시더라도 하고야 만다. 요즘은 허리를 꾸부정하게 걸으시다가도 나만 보면 얼른 허리를 세우신다.

내가 입는 청바지, 노란 블라우스, 핑크색 볼터치도 그분들에게는 그냥 나는 할 수 없는 부러움일 뿐이라고 생각한다는 사실이 나를 가끔 우울하게 만든다. 생각을 조금만 바꾸면 젊게 살 수 있다. 그리고 건강하게 지낼 수 있다.

지금의 사회는 고령사회라 떠들어 대면서 겉으로는 노인 문제를 위해 무언가를 시도하고 있기는 하지만, 비용도 그렇고 해결해야 할 문제들이 시급하다. 사회적 편견을 깨고 노년에 대한 인식을 전환해야 할 필요성을 많이 느끼게 된다.

나는 10년 전 이대에서 노인학을 공부하면서 지금의 사회현상을 예감하고 있었다. 그리고 절실하게 깨달은 것은 자식을 다 키우고 결혼시키고 나서 독립된 하나의 인간으로서 노인으로 사는 긴 기간도 젊은 시절만큼 중요하다는 점이었다.

인간답게 사는 데 있어서, 노년을 왜 인생의 새롭고 또 다른 단계로 보지 않는 것인가? 젊었다가 늙은 사람을 쓸모없는 존재가 아니라 그 자체를 하나의 삶의 과정으로 여겨 주면 안 되는 것인가? 무엇보다 중요한 사실은 나이에 스스로 벽을 치는 것은 결국 우리 스스로가 아닐까 하는 생각이 든다.

노화를
받아들이는 방법

─────── 나이가 들었다는 이유로 어디서나 대우받으려 하지 말고 긍정적인 생각을 하며 또 그렇게 긍정적인 생각으로 사는 사람들과 어울리며 내 스스로 그들과 가까이하려고 노력해야 한다. '내가 왕년에 말이야' 하면서 과거의 나를 들먹이지는 말자. 그것은 사람들이 제일 싫어하는 말이다. 과거에 금송아지가 있었던들 그것이 무엇이 중요할까? 현재의 나를 보이

자. 그런 의미에서 자신을 있는 그대로 솔직하게 인정하는 것만큼 중요한 것은 없다.

누구나 괜찮다고 말할 수 있는 노인으로 산다는 것은 오랜 시간이 걸리는 일이다. 그렇다면 살아온 대로 그야말로 꼴리는 대로 산다면 누가 좋아하겠는가? 우울하고 절망적인 생각이 들 때마다 행복하고 기쁜 마음이 되기 위해 노력해야 한다. 오늘을 감사하는 마음으로 살고, 내일을 희망으로 맞이해야 한다.

내가 갑상선 암 진단을 받았을 때 처음 튀어나온 말이 "왜 하필 나야?", "내가 왜 이런 벌을 받아야 하지?" 원망 자체였다. 그러나 곧 깨달은 것은 '내 몸이 나에게 화가 났구나! 얼마나 몸을 돌보지 않고 사는 데 급급했으면…. 그래서 몸이 화가 난 거야!' 그래서 현실을 받아들이고 돌보지 못한 내 몸에 사과를 하며 지친 몸과 마음을 즐겁게 해 주고 좋은 것만 생각하기로 결심했다. 그리고 실천했다.

그랬더니 신기할 만큼 빠르게 회복되고 나오지 않던 목소리가 서서히 나오기 시작했다. 너무나 기뻐서 눈물이 나왔다. "하느님 목소리만 주신다면 무엇이든 하겠습니다." 나에게는 하루하루가 축복이고 기쁨이다. 두 번의 삶을 살고 있으니 말이다.

나 역시 많은 것을 해 보고 돈도 많이 벌었지만 한순간에 다 무너져버렸다. 사업도 망하고 건강도 망가지고…. 지금은 남아 있는 것이 없지만 너무나 행복하고 편하다. 하나라도 붙들기 위해 안간힘을 썼다면 지금의 나는 없었을 것이다. 나는 건강을 위해 20가지의 잡곡밥을 먹고 있으며 꾸준히 운동하고 있다. 항암치료로 인해 빠졌던 머리는 이제 일반 젊은이들보다 더 숱이 많으며 한 번도 염색하지 않아도 흰머리는 거의 없고 휘어졌던 허리는 누구보다도 꼿꼿하다. 그리고 긍정적인 사람이 되려고 노력한다. 살아 있기에 고통도 있는 것이고 스트레스도 있는 것이다. 경험할 수 있는 것은 다 경험하고 나니 하루하루가 경이로움이고 감사다.

삶이 너무나 허하고 무료하다면 할 일을 찾아야 한다. 70이 넘으신 분이 강사가 되어 활동을 하고 춤도 배우고 운동도 한다. 그분을 뵈면 역시 나이는 숫자에 불과하다는 것이 저절로 느껴진다. 남이 나를 어떻게 볼 것이 문제가 아니라 내 스스로가 그것을 어떻게 받아들이느냐가 문제다. 낙천적인 생각은 스스로 노력할 때 결과로 나타나는 것이다.

나를 사랑하려는 마음이 무엇보다 중요한데 내가 나이가 들면서 기력과 기억력이 없어지고 인내심이 줄어들었으며 시력이 많이 감퇴했다는 등의 사실을 어느 정도 인정할 줄 알아야 한다. 노화를 부정하는 것은 현실의 삶의 일부를 부정하고 거부하는 것과 다름없다. 노화에 대한 부정과 두려움이 지나치면 노화 자체보다 정신적으로 더 해로울 수도 있다.

은퇴를 앞둔
그대에게

———————— "그동안 애쓰셨습니다. 이젠 조금 내려놓으시
고 쉼도 가지세요." 은퇴를 앞둔 분들에게 내가 하고 싶은 말이
다. 은퇴 연령이 전보다 빨라지고 있지만 은퇴 후 더 활발하게
인생을 새롭게 시작하는 분들이 많다. 간혹 이런 좋은 기회를
왜 좀 더 빨리 갖지 못했을까 하는 분들도 있다. 은퇴 후 자기
계발이나 자아실현을 위한 기회를 얻는 경우가 그렇다.

그에 반해 많은 사람이 아직 준비되지 않은 상태에서 은퇴를
맞이하는 경우가 있다. 갑자기 직장에서 밀려난 상실감으로 정
신적 충격을 받는 경우도 허다하지만, 이를 한시라도 빨리 받
아들여야 하는 것이 무엇보다 중요하다.

남아 있는 수만 시간을 대체 어떻게 보낼지 생각만 해도 막막
할 것이다. 10명 중 8명이 TV시청으로 시간을 보낸다고 하는
데, 이렇게 보내기엔 너무나 긴 시간이다. 봉사도 가치 있는 일
이고 내가 잘하고 할 수 있는 일을 가지고 제2의 일을 찾는 사
람들도 많다.

요즘은 많은 곳에서 배울 것들이 다양하게 이루어지고 있어
서 악기를 배워 취미 활동을 하시기도 하고, 유치원에서 10년
째 게이트볼을 가르치고 계시는 78세의 분도 있다. 67세가 되

어 유치원에서 동화구연 선생님으로 활동하는 분들은 동화구연에 복화술까지 가미하니 아이들이 너무나 좋아한다고 아이들이 기다려 주는 그날이 너무나 행복하다고 하셨다.

의욕적으로 좋아하고 잘하는 일에 관심을 가지고 일을 하는 사람은 행복한 사람이다. 아마 사는 것이 무료하다고 하면서 시간을 낭비하는 사람은 전혀 이해하지 못하는 행복일 것이다.

배려하고 혁신하며
함께 꾸는 꿈

세상을 살아가면서 사람을 떠나서 살 수는 없다. 젊은 사람들도 만나 그들의 생각을 배우기도 하고 또 그들에게 필요한 것을 나눠 주기도 한다. 내가 못하는 일에 기꺼이 도움을 주는 사람이 있는가 하면, 때로는 나이 차이가 많이 나는데 생각이 통하겠냐며 경계하는 사람도 있다. 결국 사람들과 더불어 잘 지내고 원활히 소통하는 것이야말로 세상을 살아가는 데 있어서 가장 중요한 요소가 아닐까 싶다.

공부를 뒤늦게 하다 보니 딸보다도 더 어린 학생들에게 '왕언니' 소리를 듣기도 하고 그들에게 젊은 감각도 배우면서 때로는 그들과 같은 나이라는 착각에 힘들지만 즐겁게 공부를 했다. 젊은이들과의 소통에서 절대적으로 필요한 것은 다름 아닌 배려심과 겸손이었던 것 같다. 어디서든 나이를 내세워 대우받으려 하지 않았으며 그들의 의견을 항상 존중해 주려고 신경 썼다. 무엇을 하든 다른 사람의 의견을 존중해 주는 것은 매우 중요하다. 가족들과의 사이에서도 존중과 배려는 반드시 필요하다.

나는 시골에서 태어나 인천여고를 졸업하고 결혼하면서 수십 가지의 사업도 해 보고 온갖 어려움을 겪었다. 사업가로서 아내로서 엄마로서 살아오면서 지금의 자리까지 오는 데 77여 년의 세월이 어떻게 지나갔는지 제대로 뒤돌아볼 겨를도 없이 앞만 보고 달려왔다. 소녀 시절 과외 선생에서부터 계란 장사, 홍익뷔페 사장을 거쳐 국회의원 후보에 오르기까지 사업 실패, 낙방, 남편의 뇌졸중, 나의 암 투병까지 적잖은 변화를 겪어 왔다. 내 삶의 여정에는 매 순간순간마다 고비도 많았다.

안정된 생활을 뒤로하고 새로운 분야를 도전할 때는 고민과 설렘으로 날밤을 새는 날들도 많았다. 한 인간으로 세상에 태어나 여자라는 한계를 뛰어넘어 내가 가진 열정의 마지막까지도 다 소진하는 삶을 살고 싶었다. 그래서 자식들을 잘 키우고 싶었고 초등학교 졸업 타이틀을 평생 달고 사는 남편을 공부시키고 시의원이 되게 했다.

지금까지 살면서 내가 해 온 일에 후회는 없다. 이제는 평생의 한이던 배움을 실천하고 있고 서울벤처대학원대학교 융합산업학과에서 박사 공부를 하고 있다. 그곳에서 학문적 동지들을 만나 하루하루 배움을 통해 알아 가는 기쁨을 누리고 있다.

나와 함께하고 있는 연수구 노인대학 200명의 어르신 학생들도 내겐 보물 같은 존재들이다. 드실 것을 주머니에 소중히 담아 우리 학장님 드려야 한다고 내 주머니에 꾹 찔러 넣어 주시고 돌아서시는 뒷모습에서 나는 늘 사랑을 배운다.

사람들 사이의 숱한 일들도, 알고 보면 모두 비슷비슷하다고 본다. 정도의 차이는 있겠지만, 나만 힘들고 괴로운 것은 아니라고 말하고 싶다. 처해진 신세를 탓하며 사시는 분들이 있다면 나는 자신을 혁신하라고 외치고 싶다. 나로 인해 한 분이라도 그분들이 꿈꾸는 삶을 그리면서 사시기를 원한다.

이 책에서 내가 감히 말하고 싶은 것이 있다면 나의 혁신, 가정의 혁신, 조직의 혁신, 나아가서는 나라의 혁신이다. 결국 내가 변화하지 않으면 아무것도 변하지 않는다. 나는 운이 좋게도 지금 많은 것을 누리고 있지만 그것은 결코 그냥 얻어진 것이 아니며 지난날 피눈물을 흘리며 노력했던 결과라고 생각한다.

내가 이 책을 통해 사람들에게 교훈을 준다거나 가르침을 주겠다는 생각보다는 알고 있는 것들을 다시 한 번 같이 생각해 보자는 의도였다. 내 삶과 사업에서 겪었던 많은 시행착오로 인해 뒤늦게 깨달았던 것들을 같이 나누고 싶었다. 이 책을 읽는 분들과 나의 경험담을 공유하며 공감하는 동시에 먼저 발을 내딛은 사람으로서 다른 분들에게 조금이라도 보탬이 되었으면 하는 소박한 바람뿐이다.

77세 변화와 혁신

멀리서 엄마를 응원하는 나의 자식들.

그리고 항상 격려를 해 주시는 윤천성 교수님, 그분이 받아 주시지 않았다면 내가 과연 박사공부를 꿈이라도 꾸었을까 싶다.

그리고 늘 웃는 모습으로 칭찬을 아끼지 않으시는 곽용기 교수님.

나를 보고 자극받아 운동하고 계신다는 멋진 최청평 교수님.

다양한 분야에 모르는 것이 없으신 김종식 박사님, 참고로 이분은 내년 2월이면 학사 13개, 석사 두 개, 박사 한 개를 취득하신다. 우리는 그분을 '걸어 다니는 잡학사전'이라고 부른다.

국가 문제를 노래로 만들어 공직자 겸 가수로 활동하시는 김록환 박사님, 20년의 인연으로 늘 함께 응원해 주는 박인옥 원장님, 그 외 박사 공부를 함께하고 있는 많은 선배 후배, 동료 원우님들께 깊은 감사를 올린다.

"그분들이 계시기에 이경자가 있습니다!"라고 감히 말한다.

쓰고 나니 부족한 곳이 눈에 띄지만, 그럼에도 많은 이해를 부탁드리며 모두 건강하시고 자신을 마음껏 지지하고 사랑하시라는 말로 졸필을 마친다.